한국어 말하기 읽기 성장 프로그램

우리말카드와 함께하는

한국어 해독해 ❶

어휘와 이야기 말하기

진연선 · 김효진 · 정경희 · 권유진 · 박혜진 · 배소영 공저

학지사

머리말

『한국어 해독해』 시리즈를 펴내며

듣고 말하고 읽고 쓰는 활동은 인간 발달에 매우 중요한 역할을 합니다. 그리고 이 듣고 말하고 읽고 쓰는 활동은 근본적으로 낱말들을 기초로 이루어집니다.

유치원 시기의 아동은 몇 년 동안 수천 개의 단어를 말하는 수준으로 발달합니다. 우리는 수백 개의 단어를 활용하여 기본적인 의사소통을 하며, 단어들은 문장을 만들어 대화를 이어 나가는 데 매우 중요한 역할을 합니다.

아동은 학령기에 들어가면 단어들을 이용해 길게 이야기를 하거나, 글을 쓸 수 있게 됩니다. 나아가 설명하거나 설득하는 대화를 하거나 글을 읽고 이해하고 쓸 수 있게 됩니다.

학습 또는 학업을 위해서는 무엇보다 읽고 이해하는 일이 중요합니다. 한글이 익히기 쉽다고 하나, 어떤 아동은 읽고 쓰는 것을 힘들어하기도 합니다. 이때에는 효율적으로 단어나 어절을 읽어낼 수 있도록 지원할 필요가 있습니다. 더 나아가 긴 글을 이해하고, 자신의 생각이나 뜻을 쓸 수 있도록 하는 것이 최종 목표가 될 것입니다.

『한국어 해독해』 시리즈는 듣고 말하고 읽고 쓰는 활동을 아동 수준 개별 맞춤형으로 지원하고자 합니다. 최소한의 단어로 최대한 빠르고 즐겁게 아동의 말하기 및 읽기 능력을 증진시키고자 합니다. 『한국어 해독해』는 우리말카드에 있는 단어와 초등 교과의 주제 및 내용을 활용하며, 최소의 단어로 언어 읽기 습득의 발판을 제공하고자 합니다.

『한국어 해독해』 시리즈는 총 5권으로 구성하였습니다. 1권은 아동의 말하기 능력을 지원합니다. 특히 어휘와 담화에 초점을 두었습니다. 2권은 읽기 및 해독능력을 집중적으로 지원합니다. 통글자, 음운인식, 파닉스, 읽기유창성에 초점을 두어 지원합니다. 3권은 읽기이해를 집중적으로 지원합니다. 이야기와 설명담화에 초점을 두어 한국어의 기초를 지원하는 것입니다. 또한 4권과 5권은 각각 2권과 3권의 워크북으로 각 아동이 직접 사용할 수 있도록 하였습니다.

1권 『어휘와 이야기 말하기』에서는 아동의 어휘 수를 늘리고, 문장을 조합하여 말로 이야기하거나 설명할 수 있도록 지원합니다.

〈의미 편〉에서는 마트, 병원, 세탁, 목욕, 가게 놀이, 색칠하기, 미술활동, 동네 꾸미기 등의 주요한 사회적 상황에서 단어 수를 늘려가는 방법을 제시합니다. 명사나 서술어뿐 아니라, 관용구를 포함하였습니다. 응용활동을 통해 자기주도적으로 단어 수를 확장할 수 있도록 하였고, 선생님이 단서를 어떻게 활용할 수 있는지 제시합니다.

〈담화 편〉에서는 개인 경험에 입각하여 하나의 에피소드를 말할 수 있도록 지원합니다. 특히 사회적 의사소통의 기초가 되는 상황을 제공합니다. 그리고 학교생활에 기초가 되는 이야기 및 설명 담화의 기초를 제공합니다.

2권 『해독과 읽기 유창성』에서는 파닉스 원리를 응용하여 한글의 자소와 음소를 연결할 수 있도록 지원합니다. 철자와 연계하여 받아쓰기 능력에 도움을 주고자 하였습니다.

2권은 1~4부로 나누어 아동에게 효율적으로 읽기를 가르치는 방법을 제공합니다. 1부에서는 읽기를 시작하는 아동을 대상으로 음운인식 활동을 하는 방법을 소개하며 아동이 친숙한 낱말을 통글자로 읽도록 합니다. 2부에서는 파닉스 원리를 바탕으로 낱글자를 말소리와 연결하고 낱글자를 조합하여 낱말을 읽을 수 있도록 합니다. 3부에서는 낱말을 구성하는 다양한 음절 및 낱글자를 읽도록 하고 특히 아동들이 어려워하는 받침을 읽을 수 있도록 합니다. 또한 문법형태소 읽기를 지원하여 이후 문장 읽기의 바탕을 마련하도록 합니다. 4부에서는 글에 자주 출현하는 음운규칙을 적용하도록 하며 다양한 문법형태소가 활용될 때 음운규칙을 적용하여 읽도록 합니다. 또한 낱말뿐만 아니라 문장 및 문단에서도 음운규칙을 적용하여 읽을 수 있도록 합니다.

3권 『이야기와 설명 담화 독해』에서는 이야기와 설명 설득 담화를 중심으로 초등학생들에게 필요한 읽기 이해력과 쓰기 능력을 지원합니다.

3권에서는 개별 아동의 언어 및 읽기 수준을 고려하여, 핵심형과 확장형의 두 가지 유형으로 구성된 이야기 및 설명 설득글 텍스트를 제공합니다. 각 읽기 텍스트에서 다루고 있는 주제는 읽기관련 교과 분석을 토대로 구성하였는데, [이야기 담화 편]에서는 가정, 학교, 지역사회 활동과 관련된 주제, [설명 담화 편]에서는 초등학령기에 주로 다루는 설명글 구조와 설명 및 설득글 주제를 반영하였습니다.

텍스트를 읽고 이해하기 위해 읽기 전, 읽기 중, 읽기 후 세 단계에서 적용할 수 있는 읽기지도 전략을 소개하고 활용 절차를 제시하고 있습니다. 읽기 전 활동으로 글의 유형 파악하기, 배경지식 활용하기, 핵심어 보고 내용 예측하기가 있으며, 읽기 중 활동으로는 소리내어 유창하게 읽기, 글을 읽으면서 이해 모니터링 하기가 포함되어 있습니다. 읽기 후 활동으로는 어휘 확인하기, 글의 중심 내용과 세부 내용 파악하기, 글의 도식 파악하기, 글의 내용을 묻는 질문에 대답하기 등의 활동절차와 그에 따른 지도활용 지침을 상세하게 제시하고 있습니다.

4권은 2권 『해독과 읽기 유창성』의 워크북입니다. 2권의 목표 및 지침을 바탕으로 실제 활용할 수 있는 자료를 제공합니다. 치료 및 교육환경뿐만 아니라 가정에서도 아동과 쉽게 사용할 수 있도록 다양한 자료를 제공합니다. 그림 및 글자카드뿐만 아니라 활동에서 활용될 수 있는 색칠하기, 짝 맞추기, 게임하기, 만들기 등의 다양한 자료를 제공하여 즐거운 읽기활동이 될 수 있도록 합니다.

5권은 3권 『이야기와 설명 담화 독해』의 워크북입니다. 5권에서는 3권에서 제시하고 있는 각 읽기 활동 목표와 지침에 따라 실제 활용할 수 있는 다양한 자료를 제시하고 있습니다. 교육현장과 가정에서 실제로 사용할 수 있는 글자카드, 글의 순서와 도식 파악을 위한 다양한 이야기 도식판, 단어카드 만들기, 요약하기 등이 포함되어 있어 아동 스스로 글의 내용을 이해하면서 사용할 수 있도록 자료를 제시하였습니다.

언어 읽기 발달을 촉진하기 위해서는 무엇보다 아동의 발달 수준과 흥미에 따라 출발점을 선택해야 합니다. 『한국어 해독해』 시리즈에서 제시하는 내용을 기초로 각 아동에게 더욱 흥미로운 자료가 재조직되고 탄생할 수 있습니다.

이 시리즈로 아동 한 명 한 명의 말하기와 읽기 그리고 쓰기 능력이 향상되기를 바랍니다. 또한 아동과 선생님, 가족이 모두 즐겁게 자기주도적인 경험을 하기를 기대합니다. 무엇보다 아동이 당당하게 자신의 느낌과 생각을 말하거나 글로 쓸 수 있기를 희망합니다.

2017년

한국어 해독해 연구개발팀 일동

한국어 해독해 ① 어휘와 이야기 말하기

활용 대상과 프로그램 안내

언어 읽기 발달 고위험군

- 언어 발달이 순조로운 경우도 있지만 여러 가지 이유로 언어 읽기 발달에 어려움을 겪는 아동이 있다.
- 지적 능력, 청력, 신경학적으로 큰 손상이 없음에도 불구하고 언어 읽기 발달에서 어려움을 겪는 아동이 있다.
- '언어 읽기 발달에 어려움이 있는' 아동은 다음 경우 중 한 가지 이상의 발달 수준을 보인다.
  - 또래에 비해 어휘 수가 적다.
  - 또래에 비해 문법적으로 단순한 발화를 사용한다.
  - 대화를 적절하게 주고받지 못할 때가 있다.
  - 이야기를 하는 데 어려움을 겪는다.
  - 유치원 시기에 발음 능력이 부족한 경우가 있다.
  - 또래와 달리 읽고 쓰기를 배우는 데 어려움을 보인다.
  - 학령기에 읽고 쓰는 어려움으로 인해 학습장애를 함께 보이기도 한다.
  - 또래에 비해 주의력이 짧은 경우가 있다.

–또래와의 놀이나 관계맺기가 어려운 경우가 있다.

–학령기에 교실 담화에 대한 이해가 부족한 경우가 있다.

–학령기에 언어 및 의사소통 전략 사용에 약점을 보인다.

–학령기에 자기 통제 등 인지 전략을 사용하는 데 어려움을 보이기도 한다.

언어 읽기 발달 고위험군을 위한 언어치료사의 역할

- 언어치료사는 언어 발달에 어려움을 겪을 가능성이 있는 고위험군 아동을 조기에 발견하고, 평가 후 개별화된 언어 발달 촉진 프로그램을 제공하여 언어 발달이 최대한 촉진되도록 지원해야 한다.
- 아동이 가지고 태어나는 언어 능력도 중요하지만, 언어 발달을 촉진할 수 있는 환경을 적절하게 만들어 최대한 언어 읽기 발달을 촉진하는 것도 매우 중요하다. 아동의 언어 읽기 발달은 한 번의 평가로 평생의 발달 수준이 결정되는 것이 아니다. 특히 나이가 어린 경우 아동의 언어 환경을 어떻게 지원하느냐에 따라 언어 발달 수준에 차이가 날 수도 있다. 무엇보다 장애로 확진하기 이전에 고위험군 아동에게 최대한의 촉진적 환경을 제공하여 언어 읽기 발달상의 어려움을 최소화할 필요가 있다.
- 언어 읽기 발달에 어려움이 있을 것으로 선별(스크리닝)된 아동에게, 우선 언어적으로 좋은 환경을 제공할 필요가 있다. 그리고 언어장애로 확진하고자 할 때에는 표준화 검사, 발화 분석, 설문 및 관찰 조사 등 다양한 방법을 사용해 아동을 관찰할 수 있는 전문적 판별 능력을 전제로 할 필요가 있다.

언어 읽기 고위험군을 위한 언어 읽기 촉진 프로그램

- 언어 읽기 고위험군 아동을 위한 언어 읽기 촉진 프로그램은 무엇보다 아동의 '개별적' 언어 읽기 발달 수준에 맞춘 것이어야 한다.
- 언어 읽기 고위험군 아동을 위한 언어 읽기 촉진 프로그램 중심에는 '아동'이 자리해야 한다. 그리고 언어치료사, 부모, 여러 분야의 전문가들은 아동이 무엇을 필요로 하고 아동에게 무

엇을 제공해야 하는지 가장 먼저 살펴보아야 한다.

- 언어 읽기 촉진 프로그램은 선생님 중심적으로 할 수 있고, 아동 중심적으로 진행할 수도 있으며, 절충적인 방법으로 진행할 수도 있다. 아동의 언어 발달을 촉진시킬 수 있도록 아동에게 개별화된 접근법을 선택해야 한다.
- 언어치료사가 언어치료 경험이 많지 않은 경우, 또는 부모가 급한 마음에 무조건 시키듯이 따라하도록 강요하면서 아동에게 언어나 읽기 발달을 촉진하는 경우가 있다. 이런 경우 언어치료는 대개 실패로 끝나기 쉽다. 언어 발달 촉진은 '즐거운' 환경에서 이루어져야 한다.
- 치료 시 아동의 언어 발달 수준에 적합한 책과 활동을 골라서 사용하는 것이 좋다. 이는 아동의 개별적 관심이나 요구도에 따라 내용을 정하고, 아동이 관심을 가질 수 있도록 유도하는 것에서부터 출발한다. 아무리 노력해도 아동이 관심을 갖지 않는다면 다른 중재 방법을 사용하거나 전문가의 자문을 구하도록 한다.

내 용

- 『어휘와 이야기 말하기』는 〈의미 편〉과 〈담화 편〉으로 구성되어 있다. 〈의미 편〉에서는 유치원 시기의 유아의 학습을 위해 꼭 필요한 어휘들을 다양한 놀이 속에서 촉진하는 방법을 제공한다. 〈담화 편〉에서는 여러 문장이 모인 단순한 덩이말 또는 단순한 덩이글을 제공하고 학습을 위한 기초 담화 능력을 촉진할 수 있도록 돕는다. 이와 더불어 경험 이야기와 설명 이야기를 제공한다.

프로그램의 실시 절차

- 이 책의 프로그램은 아동의 읽기 및 언어 발달 수준을 고려하였으며, 각 영역들이 상호적으로 잘 발달할 수 있도록 목표를 설정하였다. 따라서 아동에게 적절한 목표를 찾도록 한다.
- 목표 달성의 정도를 확인할 수 있도록 중재 전에 해당 목표에 대한 아동의 수행 능력을 평가한다.
- 우리말카드를 이용하여 쉽게 가르치며, 다양한 활동 및 전략을 사용한다.

• 각 목표마다 중재 효과를 측정한다.
• 활용 사례를 참고한다. 목표를 적용할 수 있는 아동 수준과 이후 목표 설정의 실제를 확인한다.
• 목표의 일반화 및 반복 학습을 위한 응용 활동을 사용한다.
  -아동의 흥미를 고려하여 즐겁게 말하거나 읽고 배울 수 있게 한다.
  -아동의 수준에 적절한 하위 목표를 선택하여 중재할 수 있다. 모든 단계를 밟아야 하는 것은 아니다.

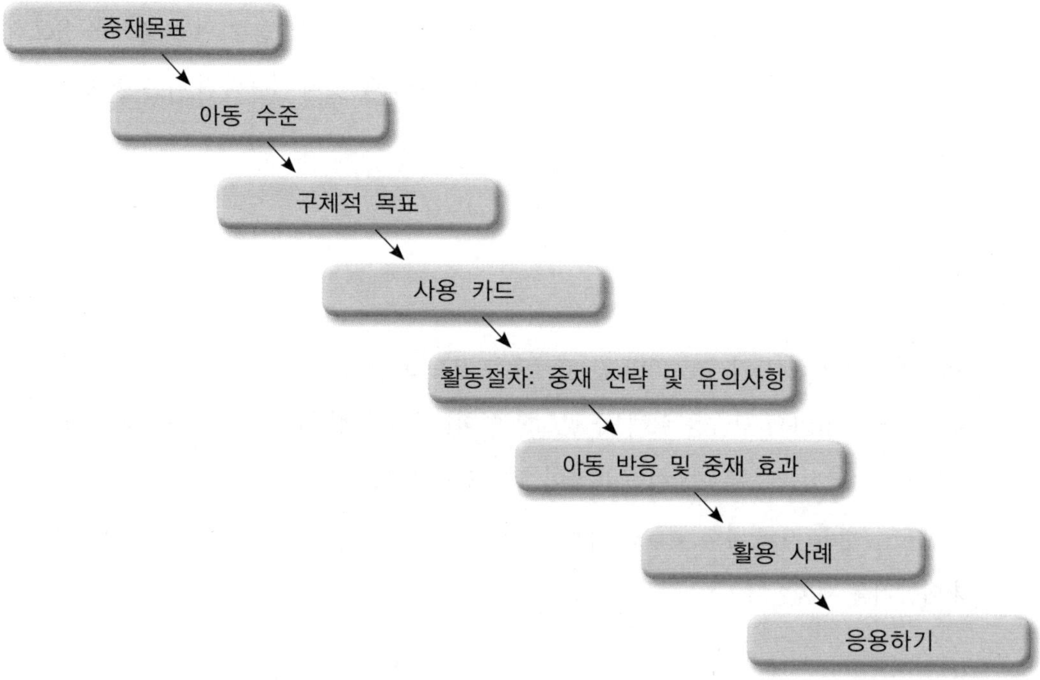

• 우리말카드 활용 시리즈는 유아기 및 초등학교 학생 중에서 언어 및 읽기 발달 고위험군 아동을 대상으로 사용할 수 있다.
• 아동에게 개별화되고 즐거운 언어 환경을 제공하기 위해 우리말카드를 사용한다.
• 언어 및 읽기 발달을 촉진하는 다양한 기법과 내용을 제공한다.
• 중재 전후를 평가할 수 있도록 한다.
• 응용하기를 통해 목표 활동에 대한 추가 내용을 제공한다.

- 외국어로서의 한국어, 이중언어로서의 한국어 습득자들에게 사용할 수 있다.
- 우리말카드에 있는 낱말을 활용하여 중재자 중심법으로 언어 및 읽기 발달을 촉진하는 방법을 제시한다.
- 이 프로그램은 언어 읽기 발달을 촉진하기 위해 중재자가 아동의 언어 읽기 수준에 맞춘 우리말카드를 사용하도록 안내한다.
- 우리말카드를 정신없이 나열하거나 무조건 따라하도록 강요하는 일은 하지 않아야 한다. 우리말카드를 가지고 즐겁게 놀고 대화하고 읽을 수 있도록 해야 한다.

한국어 해독해 ① 어휘와 이야기 말하기

차례

• 머리말 / 3

• 활용 대상과 프로그램 안내 / 7

의미 편

제1장 사회적 상황별 어휘 · 19

1. '손전등 놀이'에서 가정, 교실 상황 관련 카드를 가리키고 이름을 말할 수 있다 / 20
2. '마트에서 물건 사기 놀이' 상황에서 음식에 대한 설명을 듣고, 그림을 찾고, 사물의 이름을 말할 수 있다 / 24
3. '동물원 구경하기' 상황에서 동물의 이름을 말하고 생김새에 대해 설명할 수 있다 / 29
4. '병원놀이' 상황에서 관련되는 명사와 서술어를 말할 수 있다 / 34
5. '빨래놀이' 상황에서 의복의 이름과 서술어를 이해하고 표현할 수 있다 / 40
6. '목욕놀이' 상황에서 관련되는 서술어의 의미를 이해하고 표현할 수 있다 / 45
7. '목욕놀이' 상황에서 관련되는 사물의 개념을 이해하고 이름을 표현할 수 있다 / 49
8. '햄버거 가게 놀이' 상황에서 음식의 이름을 말하고, 메뉴판을 보고 음식을 주문할 수 있다 / 54
9. '색칠하기' 활동에서 색의 이름을 말하고 관련되는 사물을 연상하여 말할 수 있다 / 58
10. 미술활동에서 1~2단계 지시 따르기를 수행하고 서술어를 말할 수 있다 / 63
11. '우리 동네' 활동에서 장소의 이름을 말하고 연관되는 직업의 이름을 말할 수 있다 / 68
12. '우리 동네 꾸미기' 활동에서 서술어를 바르게 표현할 수 있다 / 74
13. 보기가 없는 듣기 과제에서 메시지에 있는 2~3개의 요소를 회상할 수 있다 / 78

제2장 관용구 · 83

1. '무릎을 치다'의 의미를 알고 표현할 수 있다 / 84
2. '입이 가볍다'의 의미를 알고 표현할 수 있다 / 89
3. '목이 빠지다'의 의미를 알고 표현할 수 있다 / 95
4. '배가 등에 붙다'의 의미를 알고 표현할 수 있다 / 100
5. '쥐도 새도 모르게'의 의미를 알고 표현할 수 있다 / 106
6. '귀에 못이 박히다'의 의미를 알고 표현할 수 있다 / 112

담화 편

제3장 이야기 담화 · 125

1. '이가 아파서 치과에 간 경험(병원)'에 대해 1개의 에피소드를 갖추어 산출할 수 있다 / 126
2. '여름에 수영장 간 경험(가정)'에 대해 1개의 에피소드를 갖추어 산출할 수 있다 / 133
3. '크리스마스에 선물받았던 경험(가정)'에 대해 1개의 에피소드를 갖추어 산출할 수 있다 / 140
4. '물건을 사겠다고 떼 쓴 경험(마트)'에 대해 1개의 에피소드를 갖추어 산출할 수 있다 / 147
5. '뜨거운 것을 만졌던 경험(가정)'에 대해 1개의 에피소드를 갖추어 산출할 수 있다 / 154
6. '친구와 싸운 경험(유치원)'에 대해 1개의 에피소드를 갖추어 산출할 수 있다 / 161
7. '무거운 물건을 친구와 함께 들었던 경험(유치원)'에 대해 1개의 에피소드를 갖추어 산출할 수 있다 / 168

제4장 설명 담화 · 175

1. 음식을 만드는 과정을 순서에 따라 구어로 설명할 수 있다 / 176
2. 범주에 따라 사물을 분류해서 설명할 수 있다 / 184
3. 비교/대조의 구조를 이용하여 두 사물의 같은 점과 다른 점을 말할 수 있다 / 192
4. 집의 구조를 나누고, 분석의 설명 방법으로 말할 수 있다 / 200
5. 놀잇감 만드는 과정을 순서에 따라 구어로 설명할 수 있다 / 208
6. 병원의 종류를 나열하여 말할 수 있다 / 217

제5장 듣기와 함께하는 이야기와 설명 담화 · 225

1. ① 듣기- 낱말 수 또는 모음과 자음이 서로 다른 낱말을 변별할 수 있다 / 226
   ② 설명- 신체부위에 대해 범주와 성격을 포함하여 설명할 수 있다
2. ① 듣기- 모음과 자음이 서로 다른 낱말을 변별할 수 있다 / 234
   ② 설명- 신체부위에 대해 범주와 성격을 포함하여 설명할 수 있다
3. ① 듣기- 낱말 수 또는 모음과 자음이 서로 다른 낱말을 변별할 수 있다 / 242
   ② 이야기- 아동의 경험을 에피소드를 갖추어 이야기할 수 있다
4. ① 듣기- 모음과 자음이 서로 다른 낱말을 변별할 수 있다 / 250
   ② 이야기- 아동의 경험을 에피소드를 갖추어 이야기할 수 있다

의미 편 - 어휘 수를 늘려요!

≫ 어휘 촉진

의미는 주로 내용어와 의미망을 다루는 것이다. 내용어는 보통 사람, 사물, 장소, 행위, 상태, 정도 등과 관련이 있다. 이러한 의미는 명사, 동사, 형용사, 부사가 대표적인 의미군을 형성한다.

아동은 돌 전후로 첫 낱말이 출현하고 '엄마' 가 첫 낱말이 된다는 보고가 있다. 그리고 생후 1년 6개월 전후는 폭발적으로 낱말을 배워가는 시기로, 약간의 개인차가 있지만 아동 대부분의 낱말이 '명사' 로 이루어진다. 이후 만 2세 무렵에는 약 100~200개의 낱말을 획득하고 '동사' 의 표현이 더 많아지기 시작한다. 특히 '주다' '가다' '앉다' '먹다' 등을 많이 사용하며, 여기에 수식어가 붙어 '두 낱말 조합' 을 활발히 하게 된다. 그리고 '또' '더' '많이' 등의 부사의 쓰임도 활발해진다. 만 3세 이후에는 낱말 수의 지속적인 증가와 더불어 '관계형용사' 가 발달한다. 예를 들어, '크다-작다' '길다-짧다' 등이 그 예다. 그 밖에 3세 이전에는 '뭐' '어디' '누구' 등의 의문사를 활발히 사용하는 반면, 3세 이후에는 '왜' '언제' '어떻게' 등의 의문사를 보다 생산적으로 사용하며 관련된 의미가 함께 발달한다.

≫ 관용어 촉진

어휘의 양이 많아지면서 비유 의미 발달도 이루어진다. 비유 언어의 유형 중에 관용어는 둘 이상의 단어가 결합하여 원래의 뜻과는 전혀 다른 새로운 뜻으로 굳어져서 쓰이는 표현을 말한다. 예를 들어, '발이 넓다' 는 원래 '발의 길이가 넓다' 라는 뜻이지만 관용적으로 쓰일 때에는 '아는 사람이 많다' 라는 새로운 의미를 갖게 된다. 그 밖에 은유, 직유, 속담 등이 있다.

구성

〈의미 편〉에서는 다양한 활동 속에서 할 수 있는 어휘 촉진 방법, 관용어 촉진 방법을 소개한다. 각 '중재목표' 의 구성 요소는 '언어 수준' '언어 목표' '사용 카드' '활동절차: 중재 전략 및 유의사항' '아동 반응 및 중재 효과' '활용 사례' '응용하기' 로 구성되어 있다.

≫ 어휘 촉진

어휘 촉진에서는 다양한 주제와 활동을 소개한다. '손전등 놀이' 에서 어휘를 이해하여 그림카드와 실제 사물 짝짓기, '마트에서 물건사기 놀이' 상황에서 음식에 대한 설명을 듣고 이해하여 사물의 이름 말하기, '동물원 구경하기' 상황에서 동물의 이름을 말하고 생김새에 대해 적절한 어휘로 표현하기, '병원놀이' 상황에서 병원에서 일하는 직업의 이름을 말하고 관련된 서술어 말하기, '빨래놀이' 상황에서 의복의 쓰임을 이해하고 이름 말하기, '목욕놀이' 상황에서 관련된 서술어 및 사물의 개념을 이해하고 표현하기, '햄버거 가게 놀이' 상황에서 음식의 이름을 말하고 상황에 적절한 어휘를 사용하여 음식 주문하기, '색칠하기' 활동을 통해 색 이름을 말하고 색깔과 관련된 사물 연상해서 말하기, 미술활동에서 필요한 서술어를 이해하고 표현하기, 장소의 이름을 적절하게 말하고 관련 직업 어휘를 적절하게 연결하기, 동네와 관련된 서술어 표현하기를 제시한다. 아동 반응 및 중재 효과는 자발적으로 '도움 없이' '한 번 더 설명'을 요구하였을 때, '청각적 단서'를 제공하였을 때, '오반응'으로 나누어 살펴본다.

관용어 촉진

관용어 촉진의 목표는 '무릎을 치다' '입이 가볍다' '목이 빠지다' '배가 등에 붙다' '쥐도 새도 모르게' '귀에 못이 박히다'의 뜻을 정확하게 이해하고 이를 적용하여 표현하는 것이다. 활동 순서는 그림카드를 보면서 목표 관용어 알기, 목표 관용어의 뜻 알기, 목표 관용어를 넣어 문장 만들기 순서로 이루어져 있다.

한국어 해독해 ① 어휘와 이야기 말하기

제1장

사회적 상황별 어휘

중재목표

01 '손전등 놀이'에서 가정, 교실 상황 관련 카드를 가리키고 이름을 말할 수 있다

언어 수준

• 일상 사물의 어휘를 표현할 수 있고, 간단한 지시 이해가 가능한 아동

언어 목표

• 그림과 실제 사물을 짝지을 수 있다.
• 의문사 질문에 일상 사물의 이름을 말할 수 있다.

사용 카드

• 명사 5(생활용품): 시계, 쓰레기통, 문
• 명사 5(학용품): 가위, 칼, 색연필
• 명사 4(가구): 의자, 책상
• 명사 4(주방): 컵
• 명사 4(전자제품): 컴퓨터

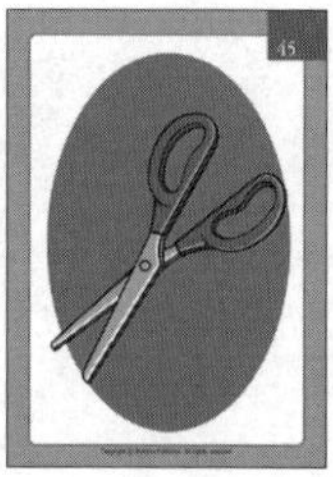

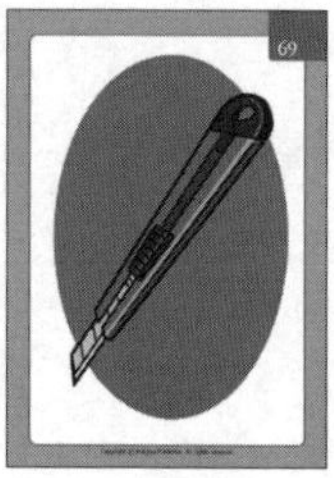

활동절차: 중재 전략 및 유의사항

(1) 그림을 보고 실제 사물 짝짓기

- 선생님이 과제를 시작하기 전에 목표 낱말과 연관되는 사물을 가리키며 이름을 말해 준다.
- 아동에게 시계 그림카드를 한 장씩 보여 주며 "이거는 시계야. 시계가 어디 있는지 찾아봐."라고 말한다. 그리고 "손전등으로 그것을 비추면 돼."라고 방법을 설명한다.
- 아동은 잘 듣고 나서 그림과 똑같은 시계를 찾아 손전등으로 사물을 비춘다.
- 아동이 틀리게 반응하면 목표 낱말을 한 번 더 강조해서 들려준다. 그래도 어려워하면 선생님이 손가락으로 사물을 가리킨다.
- 아동이 반응할 때까지 기다린다.
- 다른 목표 낱말도 앞과 같이 한다.

(2) 의문사 질문에 물건의 이름을 말하기

- 아동에게 친숙하거나 모방이 가능했던 5~6개의 낱말을 선정한다.
- (1)의 활동을 통해 사물을 이해하거나 낱말 모방이 가능한 경우, 선생님이 손전등으로 사물을 비추며 "이거 뭐야?"라고 질문을 한다.
- 아동이 도움 없이 목표 낱말을 말한다.
- 아동이 사물의 이름을 말하지 않으면 "이거는 똑딱 소리가 나는 거야. 시간을 알려면 이게 필요해."라고 의미 단서를 준다.
- 아동이 틀리게 말하면 음절 단서(예: "이거는 '시'자로 시작하는데 뭘까?")를 들려주고 아동의 대답을 기다린다.

• 아무런 반응을 보이지 않으면 선생님이 "이거는 '시계'야."라고 낱말을 강조해서 들려준 후 아동이 따라 말하도록 모방을 요구한다.

• 다른 목표 낱말도 앞과 같이 한다.

유의사항: 활동을 시작하기 전에 방에 있는 사물의 이름을 먼저 들려주고 위치를 확인시켜 준다. 아동에게 친숙한 사물을 목표 낱말로 선정한다. 선생님이 모델링을 제공하고 연습을 통해 아동이 방법을 인지했는지 확인한다.

아동 반응 및 중재 효과

(1) 그림을 보고 실제 사물 짝짓기

• 아동이 듣고 찾은 단계에 '+' 표시를 한다.

• 아동이 틀리게 반응한 경우 단서를 통해 반응한 단계에 '+' 표시를 한다.

• 아동이 보이는 오류 형태를 오반응에 기록한다.

	시계	가위	쓰레기통	의자	책상	문	합계
도움 없이							/6
한 번 더 강조							
손가락 단서							
오반응							

(2) 의문사 질문에 물건의 이름을 말하기

• 아동이 표현한 단계에 '+' 표시를 한다.

• 아동이 틀리게 반응한 경우 단서를 통해 반응한 단계에 '+' 표시를 한다.

• 아동이 보이는 오류 형태를 오반응에 기록한다.

	시계	가위	쓰레기통	의자	책상	문	합계
도움 없이							/6
의미 단서							
음절 단서							
오반응							

활용 사례– 만 4세 4개월(여)

(1) 그림을 보고 실제 사물 짝짓기

	시계	가위	쓰레기통	의자	책상	문	합계
도움 없이	+	+	+	+	−	−	4/6
한 번 더 강조					+	−	1/2
손가락 단서						+	1/1
오반응					무반응	창문	

(2) 의문사 질문에 물건의 이름을 말하기

	시계	가위	쓰레기통	의자	책상	문	합계
도움 없이	+	−	−	+	−	+	3/6
의미 단서		+	+		−		2/3
음절 단서					+		1/1
오반응		가-	쓰레기		책		

응용하기

- 방 안에 있는 두 가지 사물 이름을 듣고 가리키기
- 사물의 쓰임에 대해 설명을 듣고 가리키기

중재목표

02 '마트에서 물건 사기 놀이' 상황에서 음식에 대한 설명을 듣고, 그림을 찾고, 사물의 이름을 말할 수 있다

언어 수준

- 간단한 문장을 이해하고 음식의 이름을 이해하고 있는 아동

언어 목표

- 음식과 관련된 사물의 개념을 이해하고 사물의 이름을 말할 수 있다.

사용 카드

- 명사 9(음식): 주스, 우유, 과자, 소세지, 계란, 생선, 돈가스
- 조음어휘 3(종성 ㅁ): 햄

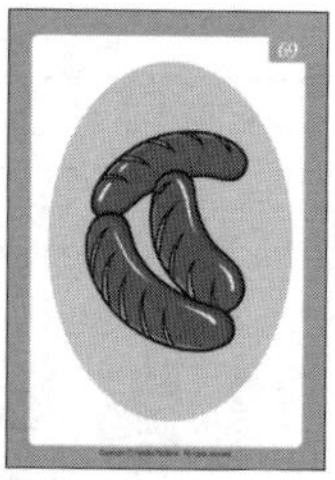

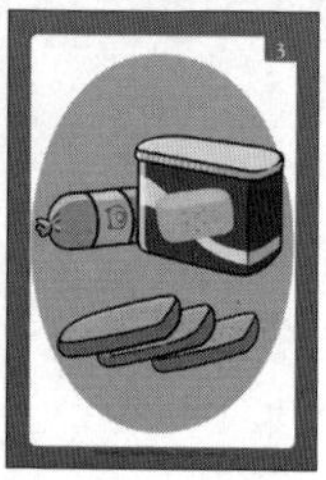

활동절차: 중재 전략 및 유의사항

(1) 음식과 관련된 사물에 대해 설명 듣고 고르기

- 선생님은 아동에게 "오늘은 마트에서 물건 사기 놀이를 할 거야."라고 말하며, 준비한 10장의 음식 관련 카드를 보여 준다. 그리고 "이 카드 중에서 마트에 가면 무엇을 사고 싶은지 골라 봐."라고 말한다.
- 아동이 사고 싶은 물건 그림카드를 6~8장 고르게 한다.
- 아동이 고른 그림카드를 보여 주고 사물의 쓰임이나 특징 등에 대해 대화를 나누어 낱말의 의미를 이해시킨다.
- 아동이 고른 그림카드 중 4장의 카드를 보여 주고 "이거는 마시는 건데. 과일이나 채소로 만들 수 있어. 이게 뭘까 찾아봐."라고 말한다.
- 아동이 반응을 할 때까지 기다린다.
- 아동이 바르게 고르면 "잘했어, 다른 것도 이렇게 하면 되는 거야."라고 말하며 칭찬으로 사회적 강화를 한다.
- 만약 아동이 틀리게 반응하면 "한 번 더 말해 줄게. 잘 듣고 찾아봐."라고 한다.
- 계속해서 틀리면 "이거는 '주'자로 시작하는 건데."라고 음절 단서를 주고 찾도록 한다.
- 그래도 틀리면 '주스'라고 소리는 내지 않고 입모양만 보여 주며 도움을 준다.
- 다른 목표 낱말도 앞과 같이 한다.

(2) 사물에 대해 설명 듣고 음식 관련 사물 이름 말하기

- (1)의 활동을 통해 아동이 사물에 대한 개념을 충분히 습득하고 난 후, 사물에 대해 설명을 듣고 이름을 말하는 활동을 한다.
- 선생님은 아동에게 "지금부터 잘 들어야 해. 내가 무엇에 대해 이야기할 거야. 그다음에 네가 그것의 이름을 말해 주면 돼."라고 말한다.
- 아동이 반응할 때까지 기다린다.
- 아동이 바르게 말하면 "잘했어, 다른 것도 이렇게 하면 되는 거야."라고 말하며 칭찬으로 사회적 강화를 한다.

- 만약 아동이 틀리게 반응하면 "한 번 더 설명해 줄게. 잘 듣고 말해 봐."라고 한다.
- 계속해서 틀리면 "이거는 '주'자로 시작하는 건데."라고 음절 단서를 준 후 말하게 한다.
- 그다음에는 그림카드를 보여 주고 이름을 말하게 한다.
- 그래도 틀리면 '주스'라고 소리는 내지 않고 입모양만 보여 주며 도움을 준다.
- 다른 목표 낱말도 앞과 같이 한다.

유의사항: 아동의 수준에 맞추어 목표 낱말을 4~8개 정도로 조절한다. 한 활동에 아동이 알고 있는 낱말을 포함하고, 새로 습득해야 하는 낱말의 수가 더 많지 않도록 조절하는 것이 좋다. 아동이 과제를 올바르게 수행할 수 있도록 다양한 단서를 준다.

아동 반응 및 중재 효과

- 아동이 바르게 반응한 단계에 '+' 표시를 한다.
- 아동이 틀리게 반응한 경우 단서를 통해 반응한 단계에 '+' 표시를 한다.
- 아동이 보이는 오류 형태를 오반응에 기록한다.

(1) 음식과 관련된 사물에 대해 설명 듣고 고르기

	주스	우유	과자	소세지	계란(달걀)	생선	합계
도움 없이							/6
음절 단서							
입모양 단서							
오반응							

(2) 사물에 대해 설명 듣고 음식 관련 사물 이름 말하기

	주스	우유	과자	소세지	계란(달걀)	생선	합계
도움 없이							/6
음절 단서							
입모양 단서							
오반응							

활용 사례– 만 4세 1개월(남)

(1) 음식과 관련된 사물에 대해 설명 듣고 고르기

	주스	우유	과자	소세지	계란(달걀)	생선	합계
도움 없이	−	+	+	−	+	−	3/6
음절 단서				+		+	2/2
입모양 단서							
오반응				햄		무반응	

(2) 사물에 대해 설명 듣고 음식 관련 사물 이름 말하기

	주스	우유	과자	소세지	계란(달걀)	생선	합계
도움 없이	−	+	+	−	+	−	3/6
음절 단서	+			+		+	3/3
입모양 단서							
오반응	우유			소-		고기	

응용하기

• 쇼핑 목록 만들기

–아동이 목표 낱말(음식)에 대한 개념을 이해하고 말할 수 있으면 쇼핑 목록 만들기 활동을 한다.

–아동은 선생님이 제시하는 카드 중에서 마트에서 사고 싶은 물건의 그림카드를 한 장씩 골라서 이름을 말한다.

–아동이 반응할 때까지 기다린다.

–아동이 오류를 보이는 것에 대해 선생님이 수정하여 들려준 후 다시 한 번 고쳐서 말해 보게 한다.

–아동이 바르게 반응하는 경우 쇼핑 목록 종이에 카드를 하나씩 붙여 나간다.

–만약 아동이 글자에 관심을 보이는 경우 그림카드 뒷면의 글자를 보여 주고 쇼핑 목록을 종이에 쓰는 활동을 해도 좋다.

–다른 목표 낱말도 앞과 같이 한다.

• 쇼핑한 물건을 냉장고에 분류해서 정리하기

–장난감 또는 냉장고의 그림을 그려서 활동을 실시해 본다.

–그림카드의 그림을 보고 냉동실, 채소 칸, 음료수 칸 등에 적절하게 붙인다.

중재목표

03

'동물원 구경하기' 상황에서 동물의 이름을 말하고 생김새에 대해 설명할 수 있다

언어 수준

- 동물에 대해 흥미를 보이고 간단한 문장을 표현할 수 있는 아동

언어 목표

- 동물의 생김새에 대한 설명을 듣고 동물의 이름을 말할 수 있다.
- 동물의 생김새에 대해 간단하게 설명할 수 있다.

사용 카드

- 명사 7(육지동물): 코끼리, 기린, 악어, 하마
- 명사 7(가축 외): 돼지

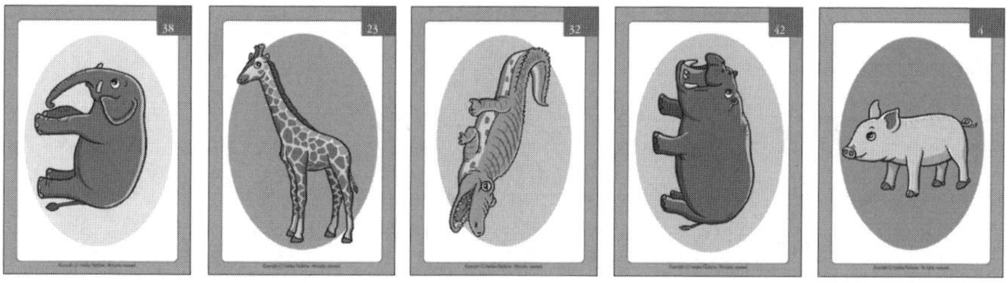

활동절차: 중재 전략 및 유의사항

(1) 동물의 이름을 말하기

- 동물 그림카드(명사 7)를 4~6장을 준비한다.
- 아동이 좋아하는 동물이 무엇인지, 동물원에서 어떤 동물을 구경했는지 물어보고 동물에 대해 간단하게 이야기를 나눈다.
- 아동 앞에 4~6장의 동물 그림카드를 뒤집어 놓고, 아동이 하나를 뒤집으면 "이름이 뭐야?"라는 질문을 하고 해당하는 동물의 이름을 말하게 한다.
- 아동이 틀리게 말하면 **음절 단서**("'기'자로 시작하는 동물인데.")를 주고 "이름이 뭘까?"라는 질문을 한 뒤 아동이 말할 때까지 기다린다.
- 아동이 틀리게 말하는 경우 **수정해서** 들려준 후 다시 말해 보게 한다.
- 다른 목표 낱말도 앞과 같이 한다.
- 목표 낱말의 동물 이름을 다 말하면 (2)의 활동을 실시한다.

(2) 동물의 생김새에 대한 설명을 듣고 고르기

- (1)의 활동을 통해 아동이 동물의 이름을 이해하고 표현할 수 있으면, 동물의 생김새에 대해 듣고 고르는 활동을 시작한다.
- 4장의 카드를 아동에게 제시하고 선생님이 "목이 길고 다리도 길어. 찾아봐."라는 말과 함께 아동이 카드를 보고 찾도록 한다.
- 동물을 찾지 못하면 **한 번 더 설명**해 주고 카드의 수를 줄여 2장의 카드 중에서 찾도록 한다.
- 아동이 찾을 때까지 기다렸다가 계속 틀리면 "이거는 기린이야."라고 **이름을 말해 주어** 카드를 찾도록 유도한다.
- 다른 목표 낱말도 앞과 같이 한다.

유의사항: 아동이 이해는 하지만 스스로 표현하기 어려워하는 동물 이름을 말할 수 있도록 한다. 새로운 어휘는 아동의 수준에 맞추어 제시하는 그림카드를 2~5장 정도로 조절한다.

(3) 동물의 생김새에 대해 간단하게 설명하기

- 목표 낱말카드가 들어 있는 주머니를 준비하여 선생님이 먼저 카드 한 장을 뽑는다. 그리고 뽑은 카드의 동물에 대해 설명한다.
- 다음에는 차례를 바꾸어 아동이 카드가 들어 있는 주머니에서 한 장을 뽑는다.
- 선생님이 "이거는 어떻게 생겼어?"라고 물으면, 아동은 뽑은 카드의 동물(코끼리)을 보고 "코끼리는 코가 길어."라고 설명한다.
- 아동이 대답을 하지 않을 경우, 선생님이 코끼리의 코를 짚으며 "코끼리 코가 어떻게 생겼어?" 라고 질문을 한다.
- 반대말 카드를 사용하여 어휘(예: 길다, 뾰족하다, 크다, 뚱뚱하다) 단서를 제공한다.
- 만약 아동이 오류(예: "코끼리는 코가 커.")를 보이면 수정하여 들려준 후 다시 고쳐서 말할 수 있게 한다.
- 다른 목표 낱말도 앞과 같이 한다.

유의사항: 아동이 어려워하는 경우 반대말(서술어 1) 카드를 같이 보여 주어도 좋다. 선생님이 먼저 시범을 보인다. 그리고 선생님과 아동이 차례로 동물에 대해 설명하며 역할을 바꾸어 활동한다.

아동 반응 및 중재 효과

- 아동이 바르게 반응한 단계에 '+' 표시를 한다.
- 아동이 보이는 오류 형태를 오반응에 기록한다.

(1) 동물의 이름을 말하기

	기린	코끼리	악어	하마	돼지	합계
도움 없이						/5
음절 단서						
모방						
오반응						

(2) 동물의 생김새에 대한 설명을 듣고 고르기

	기린	코끼리	악어	하마	돼지	합계
도움 없이						/5
한 번 더 설명						
어휘 단서						
오반응						

(3) 동물의 생김새에 대해 간단하게 설명하기

	기린	코끼리	악어	하마	돼지	합계
도움 없이						/5
한 번 더 설명						
수정 후 모방						
오반응						

활용 사례– 만 4세(남)

(1) 동물의 이름을 말하기

	기린	코끼리	악어	하마	돼지	합계
도움 없이	+	+	+	+	+	5/5
음절 단서						
모방						
오반응						

(2) 동물의 생김새에 대한 설명을 듣고 고르기

	기린	코끼리	악어	하마	돼지	합계
도움 없이	+	+	+	–	+	4/5
한 번 더 설명				+		1/1
어휘 단서						
오반응						

(3) 동물의 생김새에 대해 간단하게 설명하기

	기린	코끼리	악어	하마	돼지	합계
도움 없이	+	−	−	+	−	2/5
한 번 더 설명		+	+		−	2/3
수정 후 모방					+	1/1
오반응		코가 커	입이 뾰족해		코가 뚱뚱해	

응용하기

• 동물원 꾸미기 활동하기

–목표 낱말의 카드를 복사하여 아동과 함께 동물원 꾸미기 활동을 한다.

–선생님이 설명하는 동물을 아동이 붙이고, 아동이 설명하는 동물을 선생님이 그림판에 붙인다.

–아동이 보이는 오류를 수정해서 들려준다(예: "기린은 요렇게 목이 너무 커요." → "그렇구나. 기린은 목이 길어요.").

–아동의 발화를 의미적으로 확대하여 들려준다(예: "악어는 이빨이 뾰족해." → "그래, 악어는 이빨이 뾰족하고 입이 커요.").

중재목표 04

'병원놀이' 상황에서 관련되는 명사와 서술어를 말할 수 있다

언어 수준

• 간단한 문장 표현을 할 수 있고, 지시와 의문사 질문에 대한 이해가 가능한 아동

언어 목표

• 병원에서 일하는 직업의 이름을 말할 수 있다.
• 병원 상황과 관련되는 명사와 서술어를 말할 수 있다.

사용 카드

• 서술어 5(병원): 기다리다, 맞다, 재다, 진찰하다
• 명사 8(신체부위): 눈, 귀, 가슴, 머리, 배, 이, 코
• 명사 2(직업): 의사, 간호사
• 명사 6(공공장소): 약국, 병원

활동절차: 중재 전략 및 유의사항

(1) 질문에 직업 이름 말하기

- 선생님이 아동에게 '병원'에 대한 경험과 관련된 일들에 관해 질문(예: "어디가 아팠어?" "어떤 병원에 갔었어?" "어떻게 했어?" 등)을 한다.
- 선생님이 먼저 자신의 병원 경험에 대해 이야기를 시작한다.
- 그런 다음에 아동에게도 아픈 경험에 대해 말하게끔 유도한다.
- 아동에게 "병원에서 누가 일하지?" "아프면 어디 가지?"라고 물어본다.
- 아동이 틀리게 말하거나 아무런 말도 하지 않으면 '의사'와 '병원' 그림카드를 보여 주고 "누구야?" "어디야?"라고 질문하고 대답하게 한다.
- 아동이 계속 틀리면 "의사야? 미용사야?" 그리고 "병원이야? 마트야?"라는 선택형 질문으로 대답을 유도한다.
- 다른 목표 낱말도 앞과 같이 한다.

(2) 질문에 신체 부위 이름 말하기

- 과제를 시작하기 전에 선생님이 "아프면 어디 갈까?"라고 이야기를 시작한다.
- 선생님이 먼저 자신의 병원 경험에 대해 이야기를 시작한다.
- 그런 뒤, 아동에게 병원에 간 경험에 대해 말하게끔 유도한다.

- 아동에게 '병원'에 대한 경험과 관련된 일들에 대해 질문(예: "어디가 아팠어?" "어떤 병원에 갔었어?" "어떻게 했어?" 등)을 한다.
- 아동이 어디가 아팠었는지 이야기를 들어본 후, 말하는 것을 어려워하는 경우에 준비한 신체 부위(명사 8) 카드를 보여 준다.
- 아동에게 그림카드를 보며 "목이 아파 병원에 가요."라고 선생님의 시범을 듣고 모방하여 말하게 한다.
- 아동이 틀리게 말하거나 아무런 말도 하지 않으면 신체 부위(명사 8) 카드의 '목' 카드를 보여 주고 "어디가 아파?" 질문에 대답하게 한다.
- 계속 틀리면 "목이야? 코야?"라는 선택형 질문으로 대답을 유도한다.
- 다른 목표 낱말도 앞과 같이 한다.

유의사항: 아동의 구문 수준에 맞추어 문장의 길이를 조절하여 모방하게 하거나 대답하게 한다. 신체 부위의 이름을 말하는 아동은 특정 신체 부위와 관련되는 병원의 이름을 표현하는 과제로 바꾸어 실시한다(예: 코–이비인후과, 눈–안과, 이–치과 등).

(3) 명사와 적절한 서술어 말하기

- 선생님이 병원과 관련된 서술어 카드를 한 장씩 보여 주면서 목표 낱말을 들려준다.
- 선생님이 5장의 목표 낱말카드를 들고 있고 아동이 카드를 한 장 뽑는다.
- 아동이 뽑은 카드(예: 기다리다)를 보고, 선생님은 아동이 서술어를 표현할 수 있도록 "뭐하는 그림이야?"라고 질문한다.
- 틀리게 말하거나 아무 말을 하지 않을 경우 "기다리고 있네. 대기실에서 기다려."라고 서술어를 강조하여 들려준다.
- 아동이 서술어를 바르게 말하면 "어디서 뭐하고 있어?"라고 질문하고, 적절한 명사와 연결하여 문장("대기실에서 기다린다.")으로 말하게 한다.
- 아동이 바르게 대답하지 못하는 경우 "대기실에서 기다려? 집에서 기다려?"라고 선택형 질문을 하여 올바른 대답을 유도한다.
- 계속 틀리면 "대기실에서 기다려."라고 수정해서 들려준 후 다시 말하게 한다.

유의사항: (3)의 과제를 할 때 같은 목표 낱말카드를 각각 5장씩 들고 선생님과 아동이 순서를 바꿔 가면서 카드를 뽑고 목표 낱말을 말한다. 반드시 과제를 시작하기 전에는 한두 번 연습할 기회를 가진다.

아동 반응 및 중재 효과

- 아동이 바르게 반응한 단계에 '+' 표시를 한다.
- 아동이 보이는 오류 형태를 오반응에 기록한다.

(1) 질문에 직업 이름 말하기

	의사	간호사	병원	약국	합계
도움 없이					/4
그림 단서					
선택형 질문					
오반응					

(2) 질문에 신체 부위 이름 말하기

	눈	귀	머리	배	이	코	합계
도움 없이							/6
그림 단서							
선택형 질문							
오반응							

3) 명사와 적절한 서술어 말하기

	기다리다	재다	진찰하다	맞다	치료하다	합계
도움 없이						/5
어휘 강조						
선택형 질문						
오반응						

활용 사례– 만 4세 1개월(남)

(1) 질문에 직업 이름 말하기

	의사	간호사	병원	약국	합계
도움 없이	+	+	+	–	3/4
그림 단서				+	1/1
선택형 질문					
오반응				병원	

(2) 질문에 신체 부위 이름 말하기

	눈	귀	머리	배	이	코	합계
도움 없이	+	+	+	+	+	+	6/6
그림 단서							
선택형 질문							
오반응							

(3) 명사와 적절한 서술어 말하기

	기다리다	재다	진찰하다	맞다	치료하다	합계
도움 없이	–	–	+	+	+	3/5
어휘 강조	–	+				1/2
선택형 질문	+					1/1
오반응	앉아	무반응				

응용하기

• 명사와 서술어 카드를 가지고 문장을 만들고 '병원가기' 스크립트 만들기

–배가 아파요(배, 아프다).

–소아과에 가요(소아과, 가다).

–대기실에서 기다려요(기다리다).

–키를 재요, 몸무게를 재요(키, 몸무게, 재다).

–의사가 진찰해요(의사, 진찰하다).

–약을 먹어요(약, 먹다).

–다 나았어요(낫다).

중재목표

05

'빨래놀이' 상황에서 의복의 이름과 서술어를 이해하고 표현할 수 있다

언어 수준

- 의복의 이름과 간단한 문장과 지시를 이해하는 아동

언어 목표

- 의복의 쓰임을 이해한다.
- 의복의 이름을 말할 수 있다.

사용 카드

- 명사 8(의복): 내복, 목도리, 바지, 수영복, 외투, 양말, 잠옷, 조끼, 치마
- 서술어 1(반대말): 깨끗하다, 더럽다

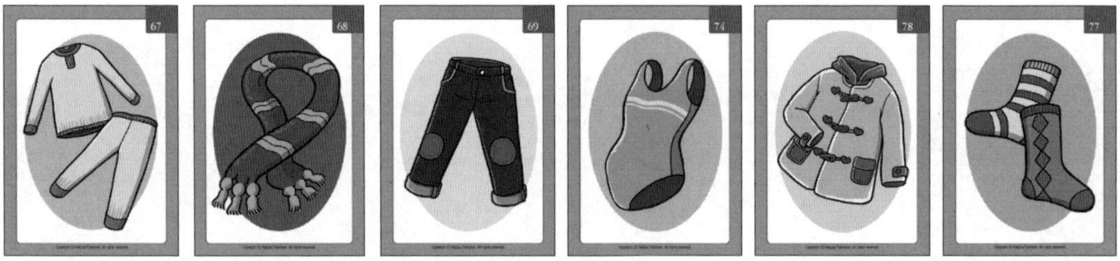

활동절차: 중재 전략 및 유의사항

(1) 의복의 쓰임에 대해 설명 듣고 고르기

- 아동에게 그림카드를 하나씩 보여 주고 사물의 쓰임이나 모양 등에 대해 대화를 나누어 낱말의 의미를 들려준다.

  ('치마' 그림카드를 보여 주고) "이것은 주로 여자들이 입는 거야."

- 그런 다음에 아동에게 4~5장의 그림카드를 보여 주고 "여자들이 입는 옷을 찾아봐."라고 말한다.
- 아동이 반응을 할 때까지 기다린다. 그리고 아동이 '치마'를 찾으면 "잘 했어."라고 사회적 강화로 칭찬을 해 준다.
- 아동이 틀리는 경우 다시 한 번 '치마'에 대해 설명한다.
- 계속 오반응을 할 때 '치마'를 찾아보도록 이름을 말해 준다.
- 다른 목표 낱말도 앞과 같이 한다.

(2) 의복의 쓰임에 대해 설명 듣고 이름 말하기

- 선생님은 먼저 아동에게 "입은 옷이 참 예쁘구나. 무슨 옷을 입고 왔지?"하고 물어본다.
- 아동에게 그림카드를 보여 주고 사물의 쓰임이나 모양 등에 대해 대화를 나누며 낱말의 의미를 들려준다.

  ('치마' 그림카드를 보여 주고) "이거는 주로 여자들이 입는 거야. 이름이 뭐지?"

- (아동의 반응을 기다리고) 아동이 "치마."라고 말하면 "잘했어."라고 칭찬한다.
- 아동이 틀리게 말하는 경우 다시 한 번 그것의 의미를 설명한다.
- 계속 틀리는 경우 "이것은 '치'로 시작하는데 이름이 뭐지?"라고 음절 단서를 준다.
- 그래도 틀리면 "이것은 치마야? 양말이야?"라는 선택형 질문을 통해 아동의 반응을 유도한다.

• 다른 목표 낱말도 앞과 같이 한다.

(3) '깨끗하다, 더럽다' 서술어가 포함된 지시 듣고 수행하기

• 선생님이 "이 바지는 더러워."라고 말하면, 아동은 그림카드를 세탁기 그림판에 붙인다. 그러나 "이 치마는 깨끗해."라고 말하면 빨래줄 그림판에 카드를 붙인다.
• 아동이 이 방법을 익힐 수 있도록 한두 번 연습을 해 본다.
• 선생님의 지시에 따라 아동은 그림카드를 세탁기 그림판이나 빨래줄 그림판에 붙인다.
• 아동이 틀리게 반응하면 "잘 들어 봐."라고 말하고 다시 한 번 반복해서 들려준다.
• 계속 틀리는 경우 선생님이 서술어를 강조하여 들려주고, 손가락으로 세탁기 그림이나 빨래줄을 가리키고 지시에 따르게 한다.
• 다른 낱말도 임의로 선택하여 총 10회 실시한다.

유의사항: 아동의 수준에 맞추어 제시하는 그림카드를 3~5장 정도로 조절한다. 그리고 새로 습득해야 하는 낱말이 이해하고 있는 낱말보다 많지 않도록 조절한다. (3)에서 아동이 서술어를 이해하고 있는지 확인한다.

아동 반응 및 중재 효과

• 아동이 바르게 반응한 단계에 '+' 표시를 한다.
• 아동이 보이는 오류 형태를 오반응에 기록한다.

(1) 의복의 쓰임에 대해 설명 듣고 고르기

	양말	바지	외투	잠옷	조끼	치마	내복	합계
도움 없이								/7
한 번 더 설명								
어휘 단서								
오반응								

(2) 의복의 쓰임에 대해 설명 듣고 이름 말하기

	양말	바지	외투	잠옷	조끼	치마	내복	합계
도움 없이								/7
음절 단서								
선택형 질문								
오반응								

(3) '깨끗하다, 더럽다' 서술어가 포함된 지시 듣고 수행하기

	깨끗한+사물 이름 (5회)	더러운+사물 이름 (5회)	합계
도움 없이			/10
한 번 더 들려주기			
어휘 강조			
오반응			

활용 사례– 만 4세(남)

(1) 의복의 쓰임에 대해 설명 듣고 고르기

	양말	바지	외투	잠옷	조끼	치마	내복	합계
도움 없이	+	+	−	+	−	+	−	4/7
한 번 더 설명			−		−		+	1/3
어휘 단서			+		+			2/2
오반응			조끼 찾음		무반응		모른다고 말함	

(2) 의복의 쓰임에 대해 설명 듣고 이름 말하기

	양말	바지	외투	잠옷	조끼	치마	내복	합계
도움 없이	+	+	−	+	−	−	−	3/7
음절 단서			+		−	+	−	2/4
선택형 질문					+		+	2/2
오반응					무반응	치-	옷	

(3) '깨끗하다, 더럽다' 서술어가 포함된 지시 듣고 수행하기

	깨끗한+사물 이름 (5회)	더러운+사물 이름 (5회)	합계
도움 없이	+(3/5)	+(4/5)	7/10
한 번 더 들려주기	+(1/2)	+(1/1)	2/3
어휘 강조	+(1/1)		1/1
오반응			

응용하기

- 광고지의 여러 모델 사진을 보고 의복의 이름 말하기
  - 선생님은 잡지 속의 다양한 옷을 입고 있는 모델 사진을 4~6장 준비한다.
  - 아동에게 사진을 보여 주고 "이 사람은 어떤 옷을 입고 있어?"라고 질문한다.
  - 아동은 사진을 보고 의복의 이름을 바르게 말한다.

- 계절에 맞는 옷 입히기 놀이하기
  - 봄 · 여름 · 가을 · 겨울(명사 6) 그림카드와 의복(명사 8) 그림카드를 준비한다.
  - 제시하는 계절 카드 위에 관련되는 의복을 찾아 놓는다.
  - 계절이 뚜렷한 여름과 겨울의 옷을 찾는 것을 먼저 실시한다.
  - 계절과 의복의 개념을 익히고 나서 준비한 인형과 옷의 그림을 가지고 옷 입히기 놀이를 한다.

중재목표 06

'목욕놀이' 상황에서 관련되는 서술어의 의미를 이해하고 표현할 수 있다

언어 수준

- 서술어를 이해하고 간단한 문장을 표현할 수 있는 아동

언어 목표

- 목욕과 관련되는 서술어를 이해하고 표현할 수 있다.

사용 카드

- 서술어 3(씻기 외): 감다, 말리다, 목욕하다, 양치질하다, 씻다

활동절차: 중재 전략 및 유의사항

(1) 그림을 보고 목욕과 관련된 서술어 말하기

- 아동에게 그림카드를 보여 준다.
- 선생님이 "뭐하고 있어?"라고 질문한다.
- 아동이 그림을 보고 서술어("씻어요.")를 바르게 말한다.
- 틀리게 말하면 선생님이 소리를 내지 않고 **몸짓**으로 보여 준다.
- 그래도 틀리게 말하면 첫 **음절** "씨-"를 단서로 들려준다.
- 아동이 반응할 때까지 기다린다.
- 다른 목표 낱말도 앞과 같이 한다.

(2) 문장에서 목욕과 관련된 서술어 표현하기

- (1)의 활동을 통해 낱말의 의미를 이해하고 표현할 수 있으면 문장에서 서술어를 바르게 사용할 수 있는지 확인한다.
- 준비한 목표 낱말 서술어 카드를 4~6장 보여 준다.
- 선생님이 "아빠가 목욕탕에서 발을 (   )." 하고 나면 아동이 적절한 동작어를 말할 수 있게 연습해 본다.
- 아동이 서술어("씻어요.")를 바르게 말하면, 아동에게 전체 문장을 다시 말하게 한다.
- 아동이 틀리게 말하면 제시하는 두 장의 **카드를 보고** 적절한 어휘를 골라 말하게 한다.
- 계속 오류를 보이면 선생님이 **입모양의** 단서를 제공한다.
- 다른 목표 낱말도 앞과 같이 한다.

유의사항: 아동의 수준에 맞추어 목표 낱말의 수를 조절한다. 선생님이 서술어의 표현을 유도하기 위해 문장 완성하기 형식을 사용한다.

아동 반응 및 중재 효과

- 아동이 바르게 반응한 단계에 '+' 표시를 한다.
- 아동이 보이는 오류 형태를 오반응에 기록한다.

(1) 그림을 보고 목욕과 관련된 서술어 말하기

	목욕하다	양치질하다	말리다	씻다	감다	합계
도움 없이						/5
몸짓 단서						
음절 단서						
오반응						

(2) 문장에서 목욕과 관련된 서술어 표현하기

	목욕하다	양치질하다	말리다	씻다	감다	합계
도움 없이						/5
그림 단서						
입모양 단서						
오반응						

활용 사례– 만 4세(여)

(1) 그림을 보고 목욕과 관련된 서술어 말하기

	목욕하다	양치질하다	말리다	씻다	감다	합계
도움 없이	+	–	–	+	+	3/5
몸짓 단서		–	+			1/2
음절 단서		+				1/1
오반응		치카치카해	이렇게(동작으로 표현)			

(2) 문장에서 목욕과 관련된 서술어 표현하기

	목욕하다	양치질하다	말리다	씻다	감다	합계
도움 없이	+	−	−	+(닦다)	+	3/5
그림 단서		+(이닦아)	−			1/2
입모양 단서			+			1/1
오반응						

응용하기

- 명사 카드와 서술어 카드를 보고 문장 만들기
  - 주머니에서 명사 카드 한 장을 뽑는다.
  - 명사(머리) 카드와 어울리는 서술어(감다) 카드를 4장의 카드 중에서 골라 '누가, 어디서, 무엇을 하다' 구문 구조 형식에 맞추어 문장으로 말한다.
  - 선생님이 먼저 시범을 보이고 다음에 아동이 말하게 한다.
  - 선생님과 아동이 차례로 문장을 표현하는 활동을 한다.
  - 바르게 말할 때마다 아동에게 스티커를 제공한다.

중재목표

07

‘목욕놀이’ 상황에서 관련되는 사물의 개념을 이해하고 이름을 표현할 수 있다

언어 수준

- 간단한 문장을 이해하고 2~3문장을 표현할 수 있는 아동

언어 목표

- 목욕과 관련된 사물의 기능을 이해하고 욕실용품을 표현할 수 있다.

사용 카드

- 명사 4(욕실용품): 비누, 빗, 칫솔, 샴푸, 수건, 로션

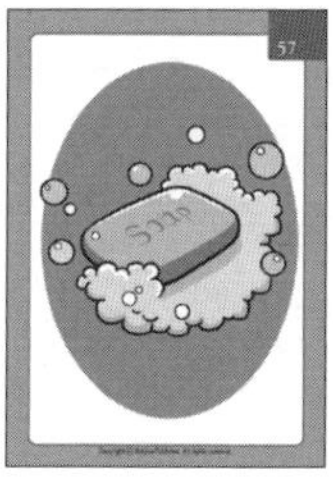
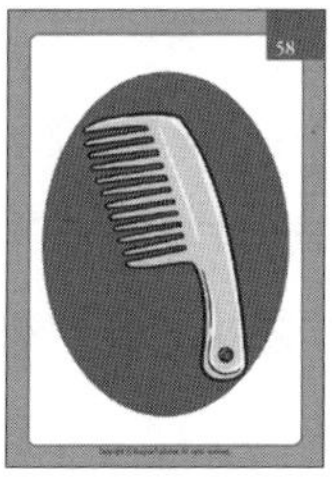
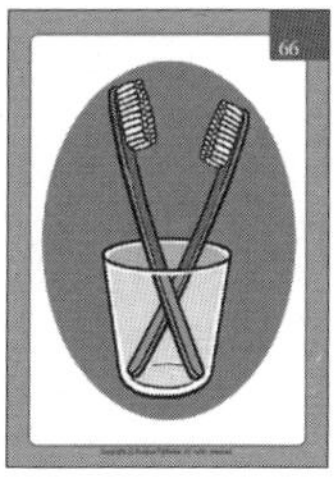

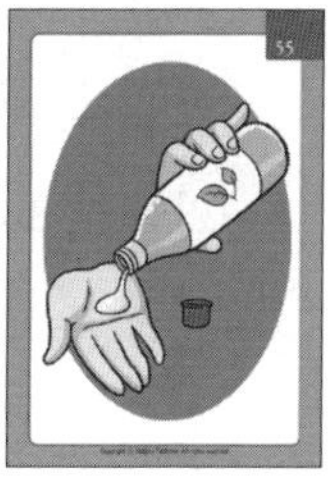

활동절차: 중재 전략 및 유의사항

(1) 목욕과 관련된 사물의 기능에 대해 설명을 듣고 고르기

- 선생님이 아동에게 "목욕할 때 필요한 물건들에 대해 알아보려고 해."라고 말하며 그림카드를 보여 준다. 사물의 쓰임과 자신의 경험 등에 대해 대화를 나누어 본다.
- 아동 앞에 4~5장의 카드를 보여 주고 "지금부터 내가 하는 말을 잘 듣고 나서 어떤 물건인지 고르는 거야."라고 한다(예: "이것은 목욕하고 나서 바르는 거야. 자, 여기서 찾아봐.").
- 아동이 틀리게 반응하면 다시 한 번 설명한다.
- 계속 틀리는 경우 "이거는 '로'로 시작해."라고 음절 단서를 준다.
- 그래도 틀리면 해당하는 카드를 손가락으로 가리킨다.
- 다른 목표 낱말도 앞과 같이 한다

(2) 목욕과 관련된 사물의 기능에 대해 설명을 듣고 이름 말하기

- 아동 앞에 (1)에서 사용한 카드를 뒤집어 놓은 후에 아동은 한 장을 골라 선생님에게 건네준다.
- 선생님이 아동에게 "지금부터 내가 말하는 것을 잘 들어야 해. 그리고 어떤 물건을 말하는 것인지 말해줘."라고 한다.
- 선생님이 "이것은 머리를 감을 때 쓰는 거야. 이거는 뭘까?"라고 말하고 아동에게 사물의 이름을 말하게 한다.
- 아동이 이름을 맞추면 "잘했어."라고 칭찬한다.
- 만약 틀리게 말하면 카드를 보여 주고 "이거 뭐야?"라고 물어보고 대답하게 한다.
- 계속 틀리면 "'샴'으로 시작하는 거야."라고 음절 단서를 주고 아동이 반응할 때까지 기다린다.

(3) 사물의 이름 말하기

- 선생님은 목욕 바구니 모양의 그림을 준비한다.
- 아동에게 선생님이 들고 있는 카드를 한 장씩 뽑고 사물의 이름을 말하게 한다(예: "이거 뭐야?" → "수건").

• 아동이 이름을 말하면 목욕 바구니 그림에 놓는다.
• 틀리게 말하면 선생님이 "이거는 '수'로 시작하는데 뭐라고 하지?"라는 **음절 단서**를 준다.
• 또는 선생님이 얼굴 닦는 흉내를 보여 주며 **몸짓 단서**를 주어 아동이 말할 수 있도록 도움을 준다.

유의사항: 아동의 언어 수준에 따라 목표 낱말의 수를 조절한다. 아동이 말하지 못한 목표 낱말은 가정에서 연습해 보도록 부모에게 설명해 준다. 아동이 어떤 단서에 잘 반응하는지 확인하여 가능한 한 아동이 쉽게 말할 수 있는 단서를 먼저 제공하는 것이 바람직하다.

아동 반응 및 중재 효과

• 아동이 바르게 반응한 단계에 '+' 표시를 한다.
• 아동이 보이는 오류 형태를 오반응에 기록한다.

(1) 목욕과 관련된 사물의 기능에 대해 설명을 듣고 고르기

	비누	빗	칫솔	샴푸	로션	합계
도움 없이						/5
한 번 더 설명						
음절 단서						
오반응						

(2) 목욕과 관련된 사물의 기능에 대해 설명을 듣고 이름 말하기

	비누	빗	칫솔	샴푸	로션	합계
도움 없이						/5
그림 단서						
음절 단서						
오반응						

(3) 사물의 이름 말하기

	비누	빗	칫솔	샴푸	로션	합계
도움 없이						/5
음절 단서						
몸짓 단서						
오반응						

활용 사례– 만 4세(여)

(1) 목욕과 관련된 사물의 기능에 대해 설명을 듣고 고르기

	비누	빗	칫솔	샴푸	로션	합계
도움 없이	+	+	+	−	−	3/5
한 번 더 설명				+	−	1/2
음절 단서					+	1/1
오반응				비누 찾음	수건 찾음	

(2) 목욕과 관련된 사물의 기능에 대해 설명을 듣고 이름 말하기

	비누	빗	칫솔	샴푸	로션	합계
도움 없이	+	+	+	+	−	4/5
그림 단서					−	0/1
음절 단서					+	1/1
오반응					화장품	

(3) 사물의 이름 말하기

	비누	빗	칫솔	샴푸	로션	합계
도움 없이	+	+	+	−	−	3/5
음절 단서				+	+	2/2
몸짓 단서						
오반응				이렇게 하는 거 (동작으로 표현)	화장품	

응용하기

• 주방용품, 학용품, 전자제품에 속하는 어휘 중재 실시하기(앞의 활동 절차 참조)

중재목표 08

‘햄버거 가게 놀이’ 상황에서 음식의 이름을 말하고, 메뉴판을 보고 음식을 주문할 수 있다

언어 수준

- 지시를 이해하고 간단한 문장을 표현할 수 있는 아동

언어 목표

- 음식 이름을 말할 수 있다.
- 상황에 적절하게 음식을 주문할 수 있다.

사용 카드

- 명사 9(음식): 햄버거, 콜라, 아이스크림, 커피, 감자튀김, 우유, 치킨

활동절차: 중재 전략 및 유의사항

(1) 햄버거 가게의 음식 이름 말하기

- 아동과 햄버거 가게에서 있었던 경험에 대해 이야기를 나눈다.
- 만약 햄버거 가게에 가면, 먹고 싶은 음식이 무엇인지 말해 보라고 한다.
- 미리 햄버거 그림이 있는 메뉴판을 준비해 둔다.
- 아동에게 메뉴판의 햄버거를 짚으면서 "이거는 뭐야?"라고 묻는다. 이에 따라 아동은 음식의 이름을 말한다.
- 틀리게 말하면 '이거는 '햄'자로 시작하는 음식인데 뭐지?"라고 **음절 단서**를 준다.
- 오류 반응을 보이는 경우 **선택형 질문**("햄버거야? 국수야?")을 하고 대답을 유도한다.
- 계속해서 틀리면 아동이 말한 것을 수정해 주고 다시 말해 보도록 한다.
- 아동이 음식의 이름을 다 말하고 나면 음식 카드를 이용하여 메뉴판을 만들자고 한다.
- 다른 목표 낱말도 앞과 같이 한다.

(2) 햄버거 가게 메뉴판 만들고 음식 주문하기

- 아동은 준비한 메뉴판에 선생님의 지시에 따라 음식 카드를 붙인다.
- 아동이 음식 카드를 붙이는 동안에 선생님은 음식의 특징에 대해 말해 준다.
- 메뉴판을 다 만든 후 아동에게 먹고 싶은 음식을 주문하게 한다.
- 선생님이 먼저 시범을 보여 주고 실시한다.
- 아동은 선생님이 "네가 먹고 싶은 것을 주문해 봐."라고 말하면 상황에 적절하게 음식을 주문("햄버거와 콜라 주세요.")한다.
- 다른 음식도 앞과 같은 방법으로 주문한다.

유의사항: 아동의 구문 수준에 맞추어 문장의 구조와 길이를 조절한다. 필요한 어휘를 습득한 후 햄버거 가게 놀이에서 선생님과 아동이 교대로 음식 주문하기를 해 본다.

아동 반응 및 중재 효과

- 아동이 바르게 반응한 단계에 '+' 표시를 한다.
- 아동이 보이는 오류 형태를 오반응에 기록한다.

(1) 햄버거 가게의 음식 이름 말하기

	햄버거	콜라	커피	우유	치킨	아이스크림	감자튀김	합계
도움 없이								/7
음절 단서								
선택형 질문								
오반응								

(2) 햄버거 가게 메뉴판 만들고 음식 주문하기

	한 가지 음식 주문 (합계)	두 가지 음식 주문 (합계)	합계
도움 없이			/7
수정 후 모방			
오반응			

활용 사례– 만 4세(남)

(1) 햄버거 가게의 음식 이름 말하기

	햄버거	콜라	커피	우유	치킨	아이스크림	감자튀김	합계
도움 없이	−	+	+	+	+	+	−	5/7
음절 단서	+						−	1/2
선택형 질문							+	1/1
오반응	햄--						감자티	

(2) 햄버거 가게 메뉴판 만들고 음식 주문하기

	한 가지 음식 주문 (합계)	두 가지 음식 주문 (합계)	합계
도움 없이	+(3/3)	+(2/4)	5/7
수정 후 모방		+(2/2)	2/2
오반응			

응용하기

• 실제 햄버거 가게 메뉴판을 보고 햄버거의 종류와 이름 알기

–아동에게 부모님과 자주 가는 햄버거 가게 메뉴판을 가져오게 한다.

–아동이 가져온 메뉴판을 보고 이름 말하기를 한다.

–아동이 가져온 메뉴판을 보며 햄버거의 종류에 대해 이야기를 나눈다.

–"불고기 버거에는 어떤 것이 들어갔을까?" "세트 메뉴에는 뭐가 있지?" 등을 질문하고 대답한다.

–"어떤 버거를 좋아하는지 말해 볼까?" 선생님과 아동이 서로 정보를 교환한다.

–다음 시간에 부모님이 좋아하는 햄버거는 무엇인지 알아오고 메뉴판에 표시해 오도록 과제를 내준다.

중재목표 09

'색칠하기' 활동에서 색의 이름을 말하고 관련되는 사물을 연상하여 말할 수 있다

언어 수준

- 간단한 지시 이해와 한 낱말 표현을 할 수 있고, 색에 대해 관심을 보이는 아동

언어 목표

- 색깔의 이름을 말할 수 있다.
- 색깔과 관련된 사물을 연상해서 말할 수 있다.

사용 카드

- 명사 3(색): 빨간색, 파란색, 노란색, 주황색, 초록색, 보라색, 분홍색

활동절차: 중재 전략 및 유의사항

(1) 색칠하기에서 같은 색을 고르고 지시 따르기

- 아동이 좋아하는 색칠이 되어 있지 않은 캐릭터나 과일(딸기, 수박, 귤, 참외, 포도 등) 그림을 준비한다.
- 선생님이 "어떤 과일을 줄까?"라고 물어본 후 아동이 원하는 과일 그림을 보여 준다.
- 과일의 색과 같은 색연필을 꺼내 색칠하게 한다.
- 아동이 같은 색을 꺼내면 "그래 맞아. 잘 찾았어."라고 칭찬해 준다.
- 아동이 '딸기'를 색칠할 때 선생님은 "빨간색으로 칠해, 빨간색으로 딸기를 색칠해."라고 혼잣말하기 기법을 사용하여 들려준다.
- 다른 목표 낱말도 앞과 같이 한다.

(2) 색칠하기에서 색의 이름 말하기

- 아동이 '딸기' 과일을 색칠한 후에 "무슨 색을 색칠했어?"라고 물어본다.
- 아동이 "빨간색."이라고 바르게 말하면 "잘했어."라고 칭찬한다.
- 만약 아동이 틀리게 말하면 "빨간색이야, 노란색이야?"라는 선택형 질문을 하여 바르게 대답하게 유도한다.
- 계속 틀리게 말하면 "이거는 빨간색이야, 빨간색으로 색칠했어."라고 말해 주고 아동에게 '빨간색'을 모방하게 한다.
- 아동이 듣고 모방하여 말할 때까지 충분한 시간을 주고 기다린다.
- 다른 목표 낱말도 앞과 같이 한다.

유의사항: 아동이 색칠하기를 좋아하고 색에 관심을 보이는 경우 실시하는 것이 좋다. 그리고 아동이 좋아하는 대상물을 찾아 색칠하기 활동을 준비한다.

(3) 색과 연관되는 물건의 이름 말하기

- 목표 낱말카드(빨강, 노랑, 파랑, 초록, 보라, 주황, 분홍)가 들어 있는 주머니를 준비하여 아동이 뽑도록 한다.
- 아동이 뽑은 카드와 같은 색의 사물 이름을 물어본다(예: 만약 아동이 '빨간색' 카드를 뽑으면, "빨간색으로 된 물건은 뭐가 있지?"라고 질문하고 아동은 "소방차."라고 대답한다).
- 아동이 정확하게 활동 방법을 숙지할 수 있도록 한두 차례 연습을 하고 난 후 과제를 실시한다.
- 아동이 잘 말하지 못하는 경우 사물에 대해 의미적인 설명("불이 났을 때 출동하는 차야.")이나 음절 단서("이거는 '소'자로 시작하는 자동차야. 이름이 뭘까?")를 주어 낱말을 연상해서 말할 수 있도록 한다.
- 계속 틀리면 시각적 단서로 '소방차' 그림이나 장난감을 보여 주고 이름을 말하게 도움을 준다.
- 다른 목표 낱말도 앞과 같이 한다.

유의사항: 아동이 색과 관련된 사물을 연상하여 말할 수 있도록 그림을 이용한 시각적 단서와 언어적인 설명과 같은 의미 단서 등을 주면서 반응이 나올 때까지 기다린다. 한 가지 사물 연상하기가 가능하다면 두 가지 이상 사물 연상하기 활동을 한다.

아동 반응 및 중재 효과

- 아동이 반응한 단계에 '+' 표시를 한다.
- 아동이 보이는 오류 형태를 오반응에 기록한다.

(1) 색칠하기에서 같은 색을 고르고 지시 따르기

	빨간색	노란색	파란색	초록색	보라색	주황색	분홍색	합계
도움 없이								/7
의미 단서								
몸짓 단서								
오반응								

(2) 색칠하기에서 색의 이름 말하기

	빨간색	노란색	파란색	초록색	보라색	주황색	분홍색	합계
도움 없이								/7
선택형 질문								
음절 단서								
오반응								

(3) 색과 연관되는 물건의 이름 말하기

	빨간색	노란색	파란색	초록색	보라색	주황색	분홍색	합계
도움 없이	딸기 소방차	바나나 병아리	하늘 청바지	수박 나무	포도 가지	오렌지 자몽	하트머리핀 복숭아	/7
의미 단서								
시각적 단서								
오반응								

활용 사례– 만 4세(여)

(1) 색칠하기에서 같은 색을 고르고 지시 따르기

	빨간색	노란색	파란색	초록색	보라색	주황색	분홍색	합계
도움 없이	+	+	–	+	–	+	+	5/7
의미 단서			–		–			0/2
몸짓 단서			+		+			2/2
오반응			빨간색으로 칠함		무반응			

(2) 색칠하기에서 색의 이름 말하기

	빨간색	노란색	파란색	초록색	보라색	주황색	분홍색	합계
도움 없이	+	+	+	+	–	+	+	6/7
선택형 질문					–			0/1
음절 단서					+			1/1
오반응					핑크			

(3) 색과 연관되는 물건의 이름 말하기

	빨간색	노란색	파란색	초록색	보라색	주황색	분홍색	합계
도움 없이	딸기(+)	바나나(+)	–	–	포도(+)	오렌지(+)	하트머리핀 (+)	5/7
의미 단서			하늘(+)	수박(+)				2/2
시각적 단서								
오반응								

응용하기

- 주제가 '색'과 연관되는 그림책을 보며 이야기 나누기
- 아동이 좋아하는 캐릭터, 동물, 꽃을 색칠하며 이야기 나누기
- 카드와 블록놀이를 이용하여 색의 이름을 말하고 지시하기

중재목표

10

미술활동에서 1~2단계 지시 따르기를 수행하고 서술어를 말할 수 있다

언어 수준

- 간단한 지시 따르기가 가능하고 한 낱말을 표현할 수 있는 아동

언어 목표

- 색칠하기 활동에서 1단계 지시 따르기(파란색으로 칠해, 파란 종이 찢어)를 할 수 있다.
- 색종이 붙이기 활동에서 2단계 지시 따르기(파란색을 잘라서 뽀로로 옷에 붙여 봐)를 할 수 있다.
- 미술활동에서 서술어(색칠하다, 붙이다, 찢다, 자르다, 꺼내다)를 표현할 수 있다.

사용 카드

- 서술어 2(학교생활-수업시간): 색칠하다, 붙이다, 찢다, 자르다
- 명사 3(색): 빨간색, 파란색, 노란색, 주황색, 초록색, 분홍색

활동절차: 중재 전략 및 유의사항

(1) 색칠하기 활동에서 1단계 지시 따르기

- 목표 낱말(빨강, 노랑, 파랑, 주황, 초록, 분홍)카드를 준비한다.
- 아동이 좋아하는 뽀로로 캐릭터(뽀로로, 크롱, 루피, 에디) 그림을 보여 준다.
- 아동에게 뽀로로 그림과 색연필을 주고, "파란색으로 색칠해."라고 지시한다.
- 아동이 파란색을 찾지 못하는 경우, 파란색 그림카드를 보여 주고 같은 색으로 칠하라고 한다.
- 다른 목표 낱말도 앞과 같이 한다(뽀로로 모자는 노랑, 크롱은 초록, 루피는 분홍, 에디는 노랑으로 색칠하기).

(2) 색종이 붙이기 활동에서 2단계 지시 따르기

- 빨강, 노랑, 파랑, 주황, 초록, 분홍의 그림카드와 색종이 그리고 뽀로로, 크롱, 루피, 에디 그림을 준비한다.
- 아동에게 "색종이를 찢어서 그림에 붙일 거야."라고 활동에 대해 설명해 준다.
- 선생님이 "초록색 색종이를 찢어서 크롱 그림에 붙여 봐."라고 말하고 아동이 지시에 따라 수행할 수 있도록 충분한 시간을 주고 기다린다.
- 아동이 초록색을 찾지 못하는 경우, 초록색 그림카드를 보여 주고 같은 색을 골라 찢어서 그림에 붙이라고 한다.
- 다른 목표 낱말도 앞과 같이 한다(뽀로로 모자는 노랑, 루피는 분홍, 에디는 노랑으로 붙이기).

(3) 미술활동에서 서술어 표현하기

- 미리 준비한 서술어 카드를 한 장씩 보여 주며 목표 낱말을 한 번 들려준다.
- 그런 다음에 목표 낱말 서술어 카드가 들어 있는 주머니를 준비하여 아동이 뽑도록 한다.
- 아동이 뽑은 카드(자르다)를 보고 선생님이 "뭐하고 있어?"라는 질문에 서술어로 대답하도록 유도한다.
- 틀리게 말하면 음절 단서('잘' 또는 '자')를 들려주어 서술어를 바르게 말할 수 있도록 유도한다.
- 계속 틀리면 선생님이 "자르다, 또는 잘라."라고 말해 주고 모방하게 한다.
- 선생님이 문장 완성하기를 사용하여 "종이를 (　　　)."라고 들려주고, 아동이 "잘라."라고 바르게 반응할 때까지 기다린다.

유의사항: 아동이 흥미를 보이는 캐릭터 그림을 이용하는 것이 좋다.

아동 반응 및 중재 효과

- 아동이 반응한 단계에 '+' 표시를 한다.
- 아동이 보이는 오류 형태를 오반응에 기록한다.

(1) 색칠하기 활동에서 1단계 지시 따르기

	1회	2회	3회	4회	5회	합계
도움 없이						/5
그림 단서						
몸짓 단서						
오반응						

(2) 색종이 붙이기 활동에서 2단계 지시 따르기

	빨간색	노란색	파란색	주황색	초록색	분홍색	합계
도움 없이							/6
의미 단서							
몸짓 단서							
오반응							

(3) 미술활동에서 서술어 표현하기

	찢다	자르다	색칠하다	붙이다	꺼내다	합계
도움 없이						/5
음절 단서						
모방						
오반응						

활용 사례– 만 4세(남)

(1) 색칠하기 활동에서 1단계 지시 따르기

	1회	2회	3회	4회	5회	합계
도움 없이	+	+	+	+	+	5/5
그림 단서						
몸짓 단서						
오반응						

(2) 색종이 붙이기 활동에서 2단계 지시 따르기

	빨간색	노란색	파란색	주황색	초록색	분홍색	합계
도움 없이	−	+	−	+	+	+	4/6
의미 단서	+		+				2/2
몸짓 단서							
오반응							

(3) 미술활동에서 서술어 표현하기

	찢다	자르다	색칠하다	붙이다	꺼내다	합계
도움 없이	−	+	−	+	+	3/5
음절 단서	+		+			2/2
모방						
오반응	잘라		그려			

응용하기

- 좋아하는 과일과 채소를 그리고 색칠하는 활동에서 메시지의 두 가지 요소 회상하기
  "빨간색과 노란색을 꺼내 봐." → "무슨 색 꺼내라고 했지?"
- 색종이 접기 활동에서 서술어 이해하고 표현하기: 접다, 오리다, 맞추다 등

중재목표 11

'우리 동네' 활동에서 장소의 이름을 말하고 연관되는 직업의 이름을 말할 수 있다

언어 수준

• 간단한 문장을 이해하고 한 낱말 이상으로 표현할 수 있는 아동

언어 목표

• 우리 동네에 있는 가게와 기관의 이름을 말할 수 있다.
• 장소 그림카드를 보고 연관되는 직업 그림카드를 찾을 수 있다.

사용 카드

• 명사 2(직업): 의사, 경찰관, 목사, 선생님, 요리사, 집배원, 미용사, 소방관
• 명사 6(공공장소): 병원, 경찰서, 학교, 우체국, 소방서
• 명사 6(상점 및 편의시설): 미용실, 슈퍼, 빵집

활동절차: 중재 전략 및 유의사항

(1) 장소 이름 듣고 고르기

- 과제를 시작하기 전에 아동이 사는 동네에는 어떤 가게와 기관들이 있는지 미리 정보를 수집한다.
- 정보를 수집한 것을 바탕으로 그림카드를 준비한다. 그림카드를 아동에게 보여 주며 "내가 사는 동네에는 빵집, 미용실, 우체국이 있어."라고 이야기한다.
- 아동에게 6~8장의 그림카드를 보여 주고 동네에 있는 장소를 골라 보라고 한다.
- 아동이 고른 그림카드를 하나씩 보며 장소와 연관되는 일, 일하는 사람 등에 대해 대화를 나누어 낱말의 의미를 이해하도록 한다.
- 아동 앞에 4~6장의 그림카드를 놓고 보여 준 후 선생님이 말하는 장소의 이름(예: "소방서 어디 있지?")을 듣고 찾도록 한다.
- 틀리게 반응하면 장소와 관련되는 일(예: "불이 났을 때 출동하는 곳이야?")에 대한 설명을 듣고 찾는 활동을 함께 한다.
- 두 장의 그림카드를 보고 목표 낱말을 들은 뒤 찾는 활동을 한다.
- 다른 목표 낱말도 앞과 같이 한다.

(2) 그림을 보고 장소 이름 말하기

- (1)의 활동을 통해 익힌 장소 그림카드를 아동 앞에 뒤집어서 올려놓는다.
- 한 장의 그림카드를 가져와서 이름("우체국.")을 말하게 한다.
- 2개의 상자를 준비하여 맞추면 (○)상자에, 틀리면 (×)상자에 넣는다.
- 아동이 말할 때까지 충분한 시간을 주고 기다린다.
- 아동이 틀리게 말하면 의미적인 설명("편지나 택배를 부치는 곳이야.")을 해 주고 다시 말하게 한다.
- 계속 잘못 말하면 음절 단서("'우'자로 시작하는 거야.")를 주고 바르게 낱말을 말하도록 도움을 준다.
- (×)상자에 들어 있는 그림을 꺼내 다시 반복하여 연습한다.
- 다른 목표 낱말도 앞과 같이 한다.

유의사항: 장소 이름 말하기와 장소에 대해 설명듣고 찾기 활동에서 선생님과 아동이 교대로 역할을 바꾸어 진행하는 것이 좋다.

(3) 직업 그림을 보고 연관되는 장소와 연결 짓기

- 장소 그림카드 4~8장을 아동 앞에 펼쳐 놓는다.
- 직업 그림카드가 들어 있는 주머니를 준비하여 아동이 한 장을 뽑도록 한다(예: 미용사).
- 그 위에 아동이 뽑은 카드와 연관되는 장소 그림을 찾아 올려놓게 한다(예: 미용실 위에 미용사 카드를 올려놓는다).
- 아동이 맞추면 "잘했어."라고 칭찬한다.
- 카드를 잘 찾지 못하면 제시하는 카드의 수를 줄이거나 장소와 관련 있는 하는 일("머리를 자르거나 파마할 때 가는 곳이야.")에 대해 의미적 단서를 준다.
- 계속 틀리면 "미용실 어디 있어? 찾아봐."라고 장소 이름을 말해 주고 찾도록 한다.
- 다른 목표 낱말도 앞과 같이 한다.

유의사항: 아동에게 친숙한 장소 그림을 선택하여 활동한다.

아동 반응 및 중재 효과

- 아동이 바르게 반응한 단계에 '+' 표시를 한다.
- 아동이 보이는 오류 형태를 오반응에 기록한다.

(1) 장소 이름 듣고 고르기

	병원	교회	식당	우체국	미용실	소방서	합계
도움 없이							/6
의미 단서							
그림 단서							
오반응							

(2) 그림을 보고 장소 이름 말하기

	병원	교회	식당	우체국	미용실	소방서	합계
도움 없이							/6
의미 단서							
음절 단서							
오반응							

(3) 직업 그림을 보고 연관되는 장소와 연결 짓기

	병원 의사	교회 목사	식당 요리사	우체국 집배원	미용실 미용사	소방서 소방관	합계
도움 없이							/6
의미 단서							
어휘 단서							
오반응							

활용 사례- 만 5세(남)

(1) 장소 이름 듣고 고르기

	병원	교회	식당	우체국	미용실	소방서	합계
도움 없이	+	−	+	−	+	+	4/6
의미 단서		−		+			1/2
그림 단서		+					1/1
오반응							

(2) 그림을 보고 장소 이름 말하기

	병원	교회	식당	우체국	미용실	소방서	합계
도움 없이	+	−	−	−	+	+	3/6
의미 단서		−	+	+			2/3
음절 단서		+					1/1
오반응		기도	밥 먹어	우-			

(3) 직업 그림을 보고 연관되는 장소와 연결 짓기

	병원 의사	교회 목사	식당 요리사	우체국 집배원	미용실 미용사	소방서 소방관	합계
도움 없이	+	−	−	−	+	+	3/6
의미 단서		−	+	+			2/3
어휘 단서		+					1/1
오반응							

응용하기

- '우리 동네 꾸미기' 활동에서 위치 부사어를 이해하고 표현하기
  - 사전에 커다란 종이 두 장을 준비한다.
  - 선생님이 사는 동네와 아동이 사는 동네의 밑그림을 그려 놓는다.
  - 아동과 함께 우리 동네에 있는 가게와 기관들에 대해 대화를 주고받으면서 그림카드를 그림판 위에 배치한다.
  - 선생님이 "우리 동네 슈퍼는 병원 옆에 있어."라고 말한다.
  - 선생님이 아동에게 "슈퍼는 어디에 있다고 했지?"라고 질문한다.
  - 아동은 선생님의 말을 회상하여 바르게 대답한다.
  - 아동이 틀리게 말하면 다시 한 번 더 들려주고 대답하게 한다.

중재목표

'우리 동네 꾸미기' 활동에서 서술어를 바르게 표현할 수 있다

언어 수준

• 간단한 질문과 지시를 이해하고, 2~3개 단어 조합의 문장을 표현할 수 있는 아동

언어 목표

• 3~4개 단어 조합의 문장에서 서술어를 바르게 표현할 수 있다.

사용 카드

• 서술어 3(씻기 외): 목욕하다
• 서술어 3(요리): 먹다
• 서술어 4(여가): 구경하다, 기도하다
• 서술어 2(수업시간): 공부하다

활동절차: 중재 전략 및 유의사항

(1) 의문사 질문에 서술어를 바르게 말하기

- 아동에게 목표 낱말 서술어 카드 4~8장을 보여 주며 그림의 상황을 설명해 준다.
- 선생님이 "뭐하고 있어?"라고 질문을 하면 아동은 적절한 서술어를 말한다.
- 틀리게 말하면 서술어를 유도하는 질문(예: "선생님하고 학교에서 뭐해요?")을 한다.
- 계속 오류를 보이면 "잘 들어 봐. '공'자로 시작하는 건데 뭐지?"라고 음절 단서를 준다.
- 선생님이 수정해서 문장을 들려주고 다시 말하게 한다.
- 다른 목표 낱말도 앞과 같이 한다.

(2) 문장 속에서 서술어 표현하기

- (1)의 활동을 통해 서술어를 습득하고 나서 우리 동네 꾸미기 활동을 한다.
- 준비한 우리 동네 그림에 가게와 기관의 그림을 붙인다.
- 선생님이 "나는 교회에 가요."라고 말한다.
- 아동은 듣고 '교회'를 가리킨다.
- 아동에게 "여기서 뭐해?"라는 질문에 '누가, 어디서, 무엇을 해요' 문장으로 말하게 한다.
- 아동은 "엄마가 교회에서 기도해요."라고 대답한다.
- 틀리게 말하면 그림을 보고 말하게 한다.
- 계속 오류를 보이면 수정해서 들려주고 다시 말하게 한다.
- 다른 목표 낱말도 앞과 같이 한다.

유의사항: 아동의 구문 수준에 맞추어 문장을 유도한다. 아동이 이해하는 낱말보다 새로 습득해야 하는 낱말이 더 많지 않도록 조절한다.

아동 반응 및 중재 효과

- 아동이 반응한 단계에 '+' 표시를 한다.
- 아동이 보이는 오류 형태를 오반응에 기록한다.

(1) 의문사 질문에 서술어를 바르게 말하기

	공부하다	기도하다	먹다	목욕하다	구경하다	합계
도움 없이						/5
유도 질문						
음절 단서						
오반응						

(2) 문장 속에서 서술어 표현하기

	공부하다	기도하다	먹다	목욕하다	구경하다	합계
도움 없이						/5
그림 단서						
수정 후 모방						
오반응						

활용 사례– 만 5세(여)

(1) 의문사 질문에 서술어를 바르게 말하기

	공부하다	기도하다	먹다	목욕하다	구경하다	합계
도움 없이	+	–	+	+	–	3/5
유도 질문		+			–	1/2
음절 단서					+	1/1
오반응		모름			봐요	

(2) 문장 속에서 서술어 표현하기

	공부하다	기도하다	먹다	목욕하다	구경하다	합계
도움 없이	+	−	+	+	−	3/5
그림 단서		+			−	1/2
수정 후 모방					+	1/1
오반응		해요			봐요	

응용하기

- 길게 말하기 게임: '문장으로 길게 말해요'
  - −10장의 서술어 카드를 뒤집어 놓는다.
  - −선생님과 아동은 순서를 정하여 서술어 카드를 한 장씩 가져간다.
  - −가져간 카드의 서술어를 보고 적절한 문장을 말한다.
  - −바르게 말하면 카드를 웃는 얼굴이 그려진 상자에 넣는다.
  - −틀리게 말하면 카드를 찡그린 얼굴이 그려진 상자에 넣는다.
  - −이후, 찡그린 얼굴이 그려진 상자의 카드를 한 장씩 꺼내어 선생님이 문장을 들려준다.
  - −아동이 듣고 따라 말한다.
  - −그럼에도 아동이 오류를 보이면 수정해서 들려준 후 다시 말하게 한다.

중재목표

보기가 없는 듣기 과제에서 메시지에 있는 2~3개의 요소를 회상할 수 있다

언어 수준

• 짧은 문장 듣기가 가능하고, 한 낱말 이상으로 표현할 수 있는 아동

언어 목표

• 메시지에 있는 2~3개의 요소를 회상할 수 있다.

사용 카드

• 명사 9(과일 · 열매): 수박, 포도, 딸기, 바나나, 사과

• 명사 9(채소): 오이, 당근, 무, 호박, 고추

활동절차: 중재 전략 및 유의사항

(1) 메시지에 있는 2개 요소를 회상하여 카드 찾기

- 선생님은 아동에게 "지금부터 내가 말하는 것을 잘 들어야 해. 그리고 카드를 보여 주면, 내가 말한 것을 기억해서 카드를 두 장 찾아봐."라고 과제에 대해 설명한다.
- 선생님이 아동에게 "엄마가 수박하고 포도 사요."라고 메시지를 들려준다.
- 그리고 아동 앞에 4장의 그림카드를 놓는다.
- 아동은 잘 듣고 나서, 제시하는 4장의 그림카드 중에서 해당하는 두 장의 카드를 고른다.
- 아동이 틀리게 반응하면 다음과 같은 순서로 도움을 주어 아동이 스스로 올바르게 반응할 수 있도록 유도한다.
  - 목표 낱말을 한 번 더 강조해서 들려준다. → 카드를 보고 고르게 한다. → 제시하는 카드의 수를 3장으로 줄여서 보여 준다.
- 같은 방법으로 두 개의 목표 낱말을 임의로 선택해서 5회 정도 실시하고 아동의 반응을 기록한다.
- 메시지의 요소를 들은 순서와 관계없이 카드를 골라도 맞는 것으로 간주한다.
- 아동이 카드를 찾은 후에 선생님이 "수박하고 포도 찾았구나."하고 사물의 이름을 다시 말해 준다.

(2) 메시지에 있는 3개의 요소를 회상하여 카드 찾기

- (1)과 같은 방법으로 실시한다.

유의사항: 듣기 과제를 할 때 아동이 이해하는 친숙한 어휘 중에서 목표 낱말을 선정한다. 아동이 흥미를 보이는 범주어의 어휘를 선택하는 것이 좋다. 먼저, 두세 개의 요소를 들려주고 나서 아동에게 카드를 제시한다.

아동 반응 및 중재 효과

(1) 메시지에 있는 2개 요소를 회상하여 카드 찾기

- 아동이 듣고 찾은 단계에 '+' 표시를 한다.
- 아동이 반응하지 못하면 단계적으로 도움을 준다.
- 아동이 보이는 오류 형태를 오반응에 기록한다.

	포도 수박	딸기 포도	사과 수박	바나나 포도	사과 바나나	합계
도움 없이						/5
한 번 더 강조						
그림 단서						
오반응						

활용 사례– 만 4세 4개월(여)

(1) 메시지에 있는 2개 요소를 회상하여 카드 찾기

- 아동은 담화 수준에서 동요 듣고 변별하기가 가능하다.
- 한 번 더 강조해서 들려주면 100% 바르게 반응한다.
- 메시지에 있는 2개 요소를 회상하여 카드를 찾는다.
  –아동이 듣고 찾은 단계에 '+' 표시를 한다.
  –아동이 반응하지 못하면 단계적으로 도움을 준다.
  –아동이 보이는 오류 형태를 오반응에 기록한다.

	포도 수박	딸기 포도	사과 수박	바나나 포도	사과 바나나	합계
도움 없이	–	+	+	–	+	3/5
한 번 더 강조	+			+		2/2
그림 단서						
오반응	수박만 찾음			포도만 찾음		

응용하기

- 메시지 내 요소를 듣고 순서대로 그림카드 고르기
  - 3~4장의 카드 중에서 선생님이 들려주는 메시지 내 2개의 요소를 회상하여 순서대로 정확하게 고른다(예: "엄마가 포도하고 수박 샀어."라는 선생님의 메시지를 듣고 난 후 순서대로 회상하여 '수박, 포도' 카드 2장을 고른다).
  - 3~4장의 카드 중에서 선생님이 들려주는 메시지 내 3개의 요소를 회상하여 순서대로 정확하게 고른다(예: "엄마가 포도하고 수박하고 딸기 샀어."라는 선생님의 메시지를 듣고 난 후 순서대로 회상하여 '수박, 포도, 딸기' 카드 3장을 고른다).

제2장

관용구

'무릎을 치다'의 의미를 알고 표현할 수 있다

언어 수준

- 단어 '무릎'과 '치다'의 뜻은 정확하게 알지만 '무릎을 치다'라는 관용어의 속뜻을 맥락에서 자발적으로 이해하지 못하는 아동
- 글을 읽을 때 어려운 단어를 이해하는 데 다양한 방법의 중재와 반복이 필요한 아동
- 자발적으로 복문을 표현할 수 있는 아동

언어 목표

- '무릎을 치다'의 뜻을 정확하게 이해하고 이를 적용하여 표현할 수 있다.

사용 카드

- 명사 8(신체부위): 무릎
- 서술어 4(놀이): 치다

활동절차: 중재 전략 및 유의사항

(1) 그림을 보면서 목표 관용어 알기

• 아동에게 두 개의 그림카드를 보여 주면서 목표 관용어를 살펴본다.

"이제부터 재미있는 표현을 배워볼 거야. 이 표현은 그림으로 보이는 뜻이 아닌 진짜 속뜻이 따로 있거든. 표현과 뜻을 배워 보자. 먼저 그림부터 보여 줄게."

('무릎' 그림카드를 보여 주고) "이거는 뭐야?"

(아동의 반응을 기다리고) "그래, 이건 무릎이야."

('치다' 그림카드를 보여 주고) "얘는 뭐하고 있어?"

(아동의 반응을 기다리고) "그래, 뭘 치고 있네."

('무릎'과 '치다' 그림카드를 나란히 놓고) "자, 그럼 이 두 카드를 연결해서 문장을 만들면?"

(아동의 반응을 기다리고) "그래, '무릎을 치다'야. 그런데 무릎을 왜 치지? 이 그림처럼 그냥 무릎을 치는 것 말고 여기엔 다른 속뜻이 있대. 그 속뜻은 무엇일까?"

(2) 목표 관용어의 뜻 알기

• 관용어 표현이 들어간 문장을 듣고 뜻을 유추하게 한다.

"이제 '무릎을 치다'라는 표현이 들어가는 상황을 들려줄게. 잘 들어보고 무슨 뜻일지 생각해 보자."

–선생님은 내 대답에 "그래, 바로 그거야!"라고 말씀하시며 **무릎을 치셨다.**

–삼촌이 내 이름을 기억하지 못하다가 갑자기 기억이 났는지 **무릎을 탁 치면서** 나를 불렀다.

–민지는 책을 어디에 두었는지 모르겠다고 했는데 갑자기 기억이 났는지 **무릎을 치며** 일어났다.

"어때? '무릎을 치다'의 뜻이 뭔지 알 것 같아? 그럼 내가 두 개의 보기를 줄 테니까 둘 중에 어떤 게 맞을지 맞추어 봐."

1번	갑자기 어떤 놀라운 사실을 알게 되었거나 희미한 기억이 떠올랐을 때 쓰는 표현 (○)
2번	친구한테 들은 비밀 이야기 같은 것을 여러 사람에게 퍼뜨릴 때 쓰는 표현 (×)

유의사항: 아동이 의미를 유추하지 못하면 문장 3개를 다시 한 번 들려주고 그래도 어려워하면 직접 관용어의 의미를 설명해 준다(예: "'무릎을 치다'라는 것은 '갑자기 어떤 놀라운 사실을 알게 되었거나 희미한 기억이 되살아날 때, 또는 상황이 딱 들어맞을 때' 쓰는 표현이야.").

• 문장의 뜻을 확인한 뒤에는 상황을 보여 주고, 그중 목표 표현이 들어갈 상황을 고르게 한다.

"내가 지금부터 두 가지 상황을 그림과 함께 들려줄 건데, 이 중에 '무릎을 치다'라는 표현에 맞는 상황이 어떤 건지 골라 봐."

1번	지환이는 친구 생일에 무슨 선물을 줄지 고민을 하였다. 그러다가 갑자기 친구가 좋아할 선물이 떠올랐다. (○) 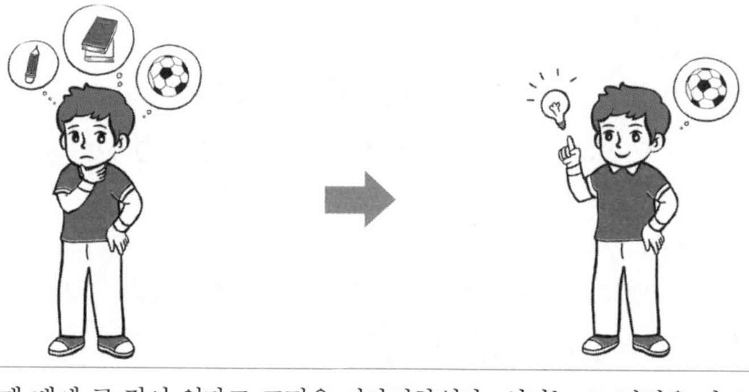
2번	지수는 영미에게 배에 큰 점이 있다고 고민을 이야기하였다. 영미는 그 비밀을 다른 친구들에게 이야기하였다. (×) 

유의사항: 아동이 상황 선택을 어려워하면 앞에서 배운 문장을 예로 들어 다시 한 번 설명해 준다. (예: **"삼촌은 내 이름이 생각나지 않았어. 근데 갑자기 내 이름이 떠올라서 무릎을 치셨어."**).

(3) 목표 관용어 넣어 문장 만들기

- 앞에서 상황 선택을 올바르게 했다면 그 상황을 이용하여 문장을 만들게 한다.

"그럼 이제 네가 선생님이 주는 상황으로 '무릎을 치다'를 넣어서 문장을 만드는 거야. 상황을 다시 한 번 말해 줄게."

–지환이는 친구 생일에 무슨 선물을 줄지 고민을 하였다. 그러다가 갑자기 친구가 좋아할 선물이 떠올랐다.

유의사항: 아동이 완전한 문장을 만들기 어려워하면 앞부분을 선생님이 먼저 시작해 주고 목표 표현은 아동이 말하게 한다[예: **"지환이는 친구 생일에 무슨 선물을 줄지 고민을 하다가…….** (아동이 이어서 말하게 함)"].

아동 반응 및 중재 효과

- 적절한 표현 고르기: 다음 세 개의 문장을 제시하고 '무릎을 치다'의 쓰임이 적절한 문장 하나를 고르게 한다.

–선생님은 내 대답에 "그래, 바로 그거야!"라고 말씀하시며 **무릎을 치셨다**. (○)
–엄마는 내 친구의 이름을 기억하지 못하셔서 **무릎을 치셨다**. (×)
–할머니께서는 무릎이 아프셔서 **무릎을 치셨다**. (×)

• 문장 만들기: '무릎을 치다'를 넣어서 새로운 문장을 1개 만들게 한다.

	'무릎을 치다'	
	이해: 적절한 표현 고르기	표현: 문장 만들기
자발적 정반응		
도움받아 정반응		
오반응		

활용 사례– 만 8세 2개월(남)

	'무릎을 치다'	
	이해: 적절한 표현 고르기	표현: 문장 만들기
자발적 정반응	+	+
도움받아 정반응		
오반응		

• 이해와 표현 과제 모두에서 자발적 정반응하여 습득한 것으로 보고 다음 목표로 넘어간다. 다만, 추후 이 표현을 기억하고 있는지 확인할 필요가 있다.

응용하기

• 목표 관용어를 포함한 표현 두 가지 이상 만들기
 –아동에게 '무릎을 치다'라는 표현이 들어갈 만한 상황이 또 어떤 것이 있을지 이야기해 보게 한다.
 –그 상황에서 '무릎을 치다'를 포함하여 상황을 설명해 보게 한다.
 –앞과 같은 방법으로 다른 상황과 방법을 한 번 더 만들어 보게 한다.

‘입이 가볍다’의 의미를 알고 표현할 수 있다

언어 수준

- 단어 ‘입’과 ‘가볍다’의 뜻은 정확하게 알지만, ‘입이 가볍다’라는 관용어의 속뜻을 맥락에서 자발적으로 이해하지 못하는 아동
- 글을 읽을 때 어려운 단어를 이해하는 데 다양한 방법의 중재와 반복이 필요한 아동
- 자발적으로 복문을 표현할 수 있는 아동

언어 목표

- ‘입이 가볍다’의 뜻을 정확하게 이해하고 이를 적용하여 표현할 수 있다.

사용 카드

- 명사 8(신체부위): 입
- 서술어 1(반대말): 가볍다

활동절차: 중재 전략 및 유의사항

(1) 그림을 보면서 목표 관용어 알기

• 아동에게 두 개의 그림카드를 보여 주면서 목표 표현을 살펴본다.

"이제부터 재미있는 표현을 배워볼 거야. 이 표현은 그림으로 보이는 뜻이 아닌 진짜 속뜻이 따로 있거든. 표현과 뜻을 배워 보자. 먼저 그림부터 보여 줄게."

('입' 그림카드를 보여 주고) "이거는 뭐야?"

(아동의 반응을 기다리고) "그래, 이건 입이야."

('가볍다' 그림카드를 보여 주고) "새가 어떤 것 같아?"라고 물어본다. 아동이 '가볍다'라고 반응하지 않거나, 어려워하면 "새가 무거운 것 같아, 가벼운 것 같아?"라고 물어본다.

(아동의 반응을 기다리고) "그래, 가볍네."

('입'과 '가볍다' 그림카드를 나란히 놓고) "자, 그럼 이 두 카드를 연결해서 문장을 만들면?"

(아동의 반응을 기다리고) "그래, '입이 가볍다'야. 그런데 입이 가볍다고? 어떤 입은 막 가볍고 어떤 입은 막 무겁고 그런가? 여기에는 다른 속뜻이 있대. 이 표현의 진짜 뜻은 무엇일까?"

(2) 목표 관용어의 뜻 알기

• 관용어 표현이 들어간 문장을 듣고 뜻을 유추하게 한다.

"이제 '입이 가볍다'라는 표현이 들어간 문장들을 들려줄게. 잘 들어 보고 무슨 뜻일지 생각해 보자."

–미영이는 **입이 가벼워서** 남의 말을 사람들에게 잘 퍼뜨린다.
–내 비밀을 친구들에게 말하는 걸 보니 민주는 **입이 가벼운** 것 같다.
–이 비밀은 절대 알려지면 안 되니까 **입이 가벼운** 사람한테는 말하지 마.

"어때? '입이 가볍다'의 뜻이 뭔지 알 것 같아? 그럼 내가 두 개의 보기를 줄 테니까 둘 중에 어떤 게 맞을지 맞추어 봐."

1번	갑자기 어떤 놀라운 사실을 알게 되었거나 희미한 기억이 떠올랐을 때 쓰는 표현 (×)
2번	친구한테 들은 비밀 이야기 같은 것을 여러 사람에게 퍼뜨릴 때 쓰는 표현 (○)

유의사항: 아동이 의미를 유추하지 못하면 문장 3개를 다시 한 번 들려주고 그래도 어려워하면 직접 관용어의 의미를 설명해 준다(예: "'입이 가볍다'라는 것은 '누구한테 비밀스럽게 들은 말을 여러 사람에게 잘 퍼뜨릴 때' 쓰는 표현이야.").

• 문장의 뜻을 확인한 뒤에는 상황을 보여 주고, 그중 목표 표현이 들어갈 상황을 고르게 한다.

"내가 지금부터 두 가지 상황을 그림과 함께 들려줄 건데 이 중에 '입이 가볍다'라는 표현에 맞는 상황이 어떤 건지 골라 봐."

1번	지환이는 친구 생일에 무슨 선물을 줄지 고민을 하였다. 그러다가 갑자기 친구가 좋아할 선물이 떠올랐다. (×) 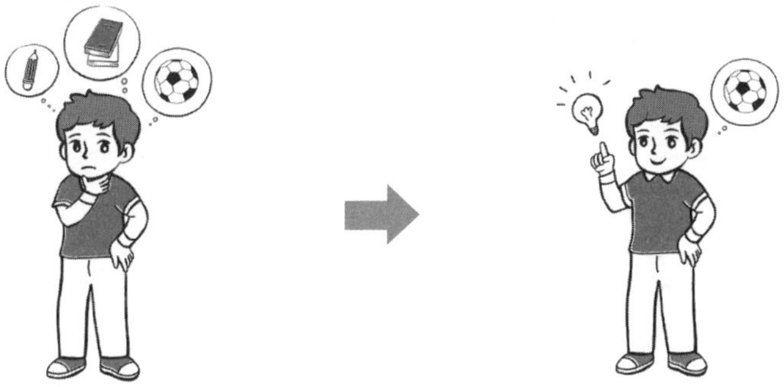
2번	지수는 영미에게 배에 큰 점이 있다고 고민을 이야기하였다. 영미는 그 비밀을 다른 친구들에게 이야기하였다. (○) 

유의사항: 아동이 상황 선택을 어려워하면 앞에서 배운 문장을 예로 들어 다시 한 번 설명해 준다(예: "나는 민주한테 내 비밀을 말해 주었어. 그런데 민주가 다른 친구들한테 그 비밀을 말하는 걸 보니 민주는 입이 가벼운 것 같아.").

(3) 목표 관용어 넣어 문장 만들기

• 앞에서 상황 선택을 올바르게 했다면 그 상황을 이용하여 문장을 만들게 한다.

"그럼 이제 네가 선생님이 주는 상황으로 '입이 가볍다'가 들어가는 문장을 만드는 거야. 상황을 다시 한 번 말해 줄게."

–예서는 지영이의 비밀을 다른 친구들에게도 퍼뜨렸다.

유의사항: 아동이 완전한 문장을 만들기 어려워하면 앞부분을 선생님이 먼저 시작해 주고 목표 표현은 아동이 말하게 한다[예: "비밀을 다른 친구들에게 퍼뜨리는 걸 보니 지영이는……. (아동이 이어서 말하게 함)"].

아동 반응 및 중재 효과

• 적절한 표현 고르기: 다음 세 개의 문장을 제시하고 '입이 가볍다'의 쓰임이 적절한 문장 하나를 고르게 한다.

–진수는 입술이 두껍고 커서 입이 무겁고 미영이는 입술이 얇고 작아서 **입이 가볍다**. (×)
–나의 비밀을 친구들에게 말하는 걸 보니 민주는 **입이 가벼운** 것 같다. (○)
–이 비밀은 절대 알려지면 안 되니까 **입이 가벼운** 사람한테만 말해. (×)

• 문장 만들기: '입이 가볍다'를 넣어서 새로운 문장을 1개 만들게 한다.

	'입이 가볍다'	
	이해: 적절한 표현 고르기	표현: 문장 만들기
자발적 정반응		
도움받아 정반응		
오반응		

활용 사례– 만 7세 7개월(여)

	'입이 가볍다'	
	이해: 적절한 표현 고르기	표현: 문장 만들기
자발적 정반응	+	
도움받아 정반응		+
오반응		

• '적절한 표현 고르기'에서는 자발적 정반응하였으나 '문장 만들기'에서는 자발적으로 표현하지 못하여 선생님이 문장의 시작을 말해 주었고 아동이 목표 관용어를 사용하여 문장을 끝냈다. 따라서 응용하기를 통해 관용어 사용의 연습이 좀 더 필요하다.

응용하기

- 목표 관용어를 포함한 표현 두 가지 이상 만들기
  - 아동에게 '입이 가볍다'라는 표현이 들어갈 만한 상황이 또 어떤 것이 있을지 이야기해 보게 한다.
  - 그 상황에서 '입이 가볍다'를 포함하여 상황을 설명해 보게 한다.
  - 앞과 같은 방법으로 다른 상황과 방법을 한 번 더 만들어 보게 한다.
- '입이 가볍다'의 반의어 익히기
  - 아동이 '입이 가볍다'의 의미를 충분히 파악했다고 판단되면, 반대의 의미로 '입이 무겁다'의 표현도 함께 소개하고 문장을 만들어 보게 한다.
- '입이 가볍다'의 유의어 익히기
  - '입이 가볍다'와 유사한 의미로 '입이 싸다'라는 표현이 있음을 가르칠 수 있다.

중재목표

03 '목이 빠지다' 의 의미를 알고 표현할 수 있다

언어 수준

- 단어 '목'과 '빠지다'의 뜻은 정확하게 알지만 '목이 빠지다'라는 관용어의 속뜻을 맥락에서 자발적으로 이해하지 못하는 아동
- 글을 읽을 때 어려운 단어를 이해하는 데 다양한 방법의 중재와 반복이 필요한 아동
- 자발적으로 복문을 표현할 수 있는 아동

언어 목표

- '목이 빠지다'의 뜻을 정확하게 이해하고 이를 적용하여 표현할 수 있다.

사용 카드

- 명사 8(신체부위): 목
- 서술어 5(병원): 빠지다

활동절차: 중재 전략 및 유의사항

(1) 그림을 보면서 목표 관용어 알기

• 아동에게 두 개의 그림카드를 보여 주면서 목표 표현을 살펴본다.

"이제부터 재미있는 표현을 배워볼 거야. 이 표현은 그림으로 보이는 뜻이 아닌 진짜 속뜻이 따로 있거든. 표현과 뜻을 배워 보자. 먼저 그림부터 보여 줄게."

('목' 그림카드를 보여 주고) "이거는 뭐야? "

(아동의 반응을 기다리고) "그래, 이건 목이야."

('빠지다' 그림카드를 보여 주고) "이가 어떻게 되었어?"

(아동의 반응을 기다리고) "그래, 빠졌네."

('목'과 '빠지다' 그림카드를 나란히 놓고) "자, 그럼 이 두 카드를 연결해서 문장을 만들면?"

(아동의 반응을 기다리고) "그래, '목이 빠지다'야. 그런데 우리 목이 막 빠졌다 붙여졌다가 그런단 말이야? 이 표현의 진짜 뜻은 무엇일까?"

(2) 목표 관용어의 뜻 알기

• 관용어 표현이 들어간 문장을 듣고 뜻을 유추하게 한다.

"이제 '목이 빠지다'라는 표현이 들어가는 문장들을 들려줄게. 잘 들어보고 무슨 뜻일지 생각해 보자."

-학교가 늦게 끝나서 엄마는 나를 목이 빠지게 기다리셨다.
-민희는 늦은 밤까지 산타클로스를 목이 빠지게 기다렸다.
-아영이가 늦게 와서 아영이를 기다리느라 목이 빠지는 줄 알았다.

"어때? '목이 빠지다'의 뜻이 뭔지 알 것 같아? 그럼 내가 두 개의 보기를 줄 테니까 둘 중에 어떤 게 맞을지 맞추어 봐."

1번	무언가를 애타게 기다리거나 바랄 때 쓰는 표현 (○)
2번	친구한테 들은 비밀 이야기 같은 것을 여러 사람에게 퍼뜨릴 때 쓰는 표현 (×)

유의사항: 아동이 의미를 유추하지 못하면 문장 3개를 다시 한 번 들려주고 그래도 어려워하면 직접 관용어의 의미를 설명해 준다(예: "우리가 누구 기다릴 때 창문 밖으로 목을 쭉 빼고 언제 오나 기다리잖아. 그 모습을 표현한 말이야. '목이 빠지다'는 '무언가를 애타게 기다리거나 바랄 때' 쓰는 표현이야.").

- 문장의 뜻을 확인한 뒤에는 상황을 보여 주고, 그중 목표 표현이 들어갈 상황을 고르게 한다.

"내가 지금부터 두 가지 상황을 그림과 함께 들려줄 건데 이 중에 '목이 빠지다'라는 표현에 맞는 상황이 어떤 건지 골라 봐."

1번	지영이가 놀이터에 놀러갔는데 깜깜한 밤이 되어도 돌아오지 않아 엄마는 계속 기다렸다. (○) 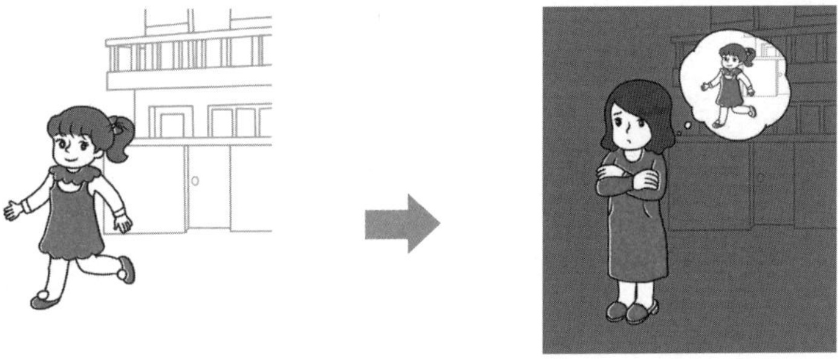
2번	지수는 영미에게 배에 큰 점이 있다고 고민을 이야기하였다. 영미는 그 비밀을 다른 친구들에게 이야기하였다. (×) 

유의사항: 아동이 상황 선택을 어려워하면 앞에서 배운 문장을 예로 들어 다시 한 번 설명해 준다(예: "민희는 크리스마스에 선물을 받고 싶었어. 그래서 밤늦게까지 산타클로스를 목이 빠지게 기다렸대.").

(3) 목표 관용어 넣어 문장 만들기

- 앞에서 상황 선택을 올바르게 했다면 그 상황을 이용하여 문장을 만들게 한다.

"그럼 이제 네가 '목이 빠지다'를 넣어서 그 상황을 설명하는 거야. 상황을 다시 한 번 말해 줄게."

–지영이가 놀이터에 놀러갔는데 깜깜한 밤이 되어도 돌아오지 않아 엄마는 계속 기다렸다.

유의사항: 아동이 완전한 문장을 만들기 어려워하면 앞부분을 선생님이 먼저 시작해 주고 목표 표현은 아동이 말하게 한다[예: "지영이가 놀이터에 놀러 갔는데 깜깜한 밤이 되어도 돌아오지 않아서 엄마는……. (아동이 이어서 말하게 함)"].

아동 반응 및 중재 효과

- 적절한 표현 고르기: 다음 세 개의 문장을 제시하고 '목이 빠지다'의 쓰임이 적절한 문장 하나를 고르게 한다.

–너무 세게 잡아당겨서 인형 **목이 빠질** 뻔했다. (×)
–민희는 산타클로스를 **목이 빠지게** 좋아한다. (×)
–아영이를 기다리느라 **목이 빠지는** 줄 알았다. (○)

• 문장 만들기: '목이 빠지다'를 넣어서 새로운 문장을 1개 만들게 한다.

	'목이 빠지다'	
	이해: 적절한 표현 고르기	표현: 문장 만들기
자발적 정반응		
도움받아 정반응		
오반응		

활용 사례– 만 8세 2개월(여)

	'목이 빠지다'	
	이해: 적절한 표현 고르기	표현: 문장 만들기
자발적 정반응	+	+
도움받아 정반응		
오반응		

• 이번 활동의 목표는 습득한 것으로 보고 다음 목표 관용어를 중재한다. 다만, 어느 정도 시간이 지난 뒤 잘 기억하고 있는지 다시 한 번 확인할 필요가 있다.

응용하기

• 목표 관용어를 포함한 표현 두 가지 이상 만들기
  –아동에게 '목이 빠지다'라는 표현이 들어갈 만한 상황이 또 어떤 것이 있을지 이야기해 보게 한다.
  –그 상황에서 '목이 빠지다'를 포함하여 상황을 설명해 보게 한다.
  –앞과 같은 방법으로 다른 상황과 방법을 한 번 더 만들어 보게 한다.
• '목이 빠지다'의 유의어 익히기
  –'목이 빠지다'와 유사한 의미로 '눈이 빠지다'라는 표현이 있음을 가르칠 수 있다.

중재목표

04

'배가 등에 붙다' 의 의미를 알고 표현할 수 있다

언어 수준

- 단어 '배' '등' '붙다'의 뜻은 정확하게 알지만 '배가 등에 붙다'라는 관용어의 속뜻을 맥락에서 자발적으로 이해하지 못하는 아동
- 글을 읽을 때 어려운 단어를 이해하는 데 다양한 방법의 중재와 반복이 필요한 아동
- 자발적으로 복문을 표현할 수 있는 아동

언어 목표

- '배가 등에 붙다'의 뜻을 정확하게 이해하고 이를 적용하여 표현할 수 있다.

사용 카드

- 명사 8(신체부위): 배, 등
- 서술어 2(수업시간): 붙이다

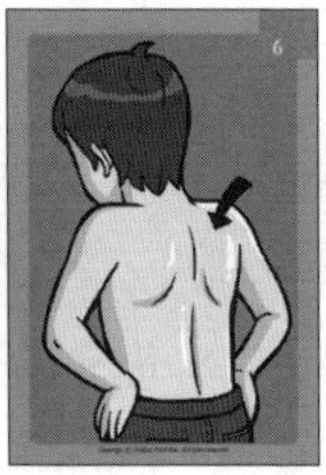

활동절차: 중재 전략 및 유의사항

(1) 그림을 보면서 목표 관용어 알기

• 아동에게 두 개의 그림카드를 보여 주면서 목표 표현을 살펴본다.

"이제부터 재미있는 표현을 배워볼 거야. 이 표현은 그림으로 보이는 뜻이 아닌 진짜 속뜻이 따로 있거든. 표현과 뜻을 배워 보자. 먼저 그림부터 보여 줄게."

('배' 그림카드를 보여 주고) "이거는 뭐야?"

(아동의 반응을 기다리고) "그래, 이건 배야."

('등' 그림카드를 보여 주고) "이거는 뭐야?"

(아동의 반응을 기다리고) "그래, 이건 등이야."

('붙이다' 그림카드를 보여 주고) "스티커를 어떻게 하고 있어?"

(아동의 반응을 기다리고) "그래, 붙였네."

('배' '등' '붙다' 그림카드를 나란히 놓고) "자, 그럼 이 세 카드를 연결해서 문장을 만들어 볼게. '배가 등에 붙다'야. 그런데 왜 배가 등에 붙지? 어떻게 배가 등에 붙지? 진짜 뜻은 무엇일까?"

(2) 목표 관용어의 뜻 알기

• 관용어 표현이 들어간 문장을 듣고 뜻을 유추하게 한다.

"이제 '배가 등에 붙다'라는 표현이 들어가는 문장들을 들려줄게. 잘 들어보고 무슨 뜻일지 생각해 보자."

-그 강아지는 3일 동안 아무것도 못 먹어서 배가 등에 붙었다.
-나는 너무 배가 고파서 배가 등에 붙을 것 같았다.
-하루 종일 굶었더니 배가 등에 붙었다.

"어때? '배가 등에 붙었다'의 뜻이 뭔지 알 것 같아? 그럼 내가 두 개의 보기를 줄 테니까 둘 중에 어떤 게 맞을지 맞추어 봐."

1번	먹은 것이 없어서 배가 홀쭉하고 몹시 배고플 때 쓰는 표현 (○)
2번	무언가를 애타게 기다리거나 바랄 때 쓰는 표현 (×)

유의사항: 아동이 의미를 유추하지 못하면 문장 3개를 다시 한 번 들려주고 그래도 어려워하면 직접 관용어의 의미를 설명해 준다(예: "'배가 등에 붙다'라는 것은 '먹은 것이 없어서 배가 홀쭉하고 몹시 배고플 때' 쓰는 표현이야.").

• 문장의 뜻을 확인한 뒤에는 상황을 보여 주고, 그중 목표 표현이 들어갈 상황을 고르게 한다.

"내가 지금부터 두 가지 상황을 그림과 함께 들려줄 건데 그중에서 '배가 등에 붙다'를 표현할 수 있는 상황이 어떤 건지 맞추어 봐."

1번	혜린이는 이틀 동안 밥을 먹지 못하자 배가 너무 고팠다. (○) 
2번	지영이가 놀이터에 놀러갔는데 깜깜한 밤이 되어도 돌아오지 않아 엄마는 계속 기다렸다. (×) 

유의사항: 아동이 상황 선택에서 어려워하면 앞에서 들려준 문장을 예로 들어 다시 한 번 설명해 준다(예: "강아지가 3일 동안 아무것도 먹지 못했어. 너무 배가 고파서 배가 등에 붙었어.").

(3) 목표 관용어 넣어 문장 만들기

- 앞에서 상황 선택을 올바르게 했다면 그 상황을 이용하여 문장을 만들게 한다.

"그럼 이제 네가 '배가 등에 붙다'를 넣어서 그 상황을 설명하는 거야. 상황을 다시 한 번 말해 줄게."

–혜린이는 이틀 동안 밥을 먹지 못하자 배가 너무 고팠다.

유의사항: 아동이 완전한 문장을 만들기 어려워하면 앞부분을 선생님이 먼저 시작해 주고 목표 표현은 아동이 말하게 한다[예: "혜린이는 이틀 동안 밥을 먹지 못해서……. (아동이 이어서 말하게 함)"].

아동 반응 및 중재 효과

- 적절한 표현 고르기: 다음 세 개의 문장을 제시하고 '배가 등에 붙다'의 쓰임이 적절한 문장 하나를 고르게 한다.

–그 강아지는 3일 동안 아무것도 못 먹어서 배가 등에 붙었다. (○)
–친구의 배가 내 등에 붙을 것 같았다. (×)
–열심히 달렸더니 너무 배가 아파서 배가 등에 붙었다. (×)

- 문장 만들기: '배가 등에 붙다'를 넣어서 새로운 문장을 1개 만들게 한다.

	'배가 등에 붙다'	
	이해: 적절한 표현 고르기	표현: 문장 만들기
자발적 정반응		
도움받아 정반응		
오반응		

활용 사례– 만 7세 8개월(남)

	'배가 등에 붙다'	
	이해: 적절한 표현 고르기	표현: 문장 만들기
자발적 정반응	+	+
도움받아 정반응		
오반응		

- 이번 활동의 목표는 습득한 것으로 보고 다음 목표 관용어를 중재한다. 다만, 어느 정도 시간이 지난 뒤 잘 기억하고 있는지 다시 한 번 확인할 필요가 있다.
- 교과서 글이나 또래 사이에서 사용되는 다른 관용어와 더불어 속담 표현을 지속적으로 중재할 필요가 있다.
- 어느 정도 중재 후에는 직접 중재보다는 맥락에서 유추하여 의미를 파악하게 하는 방법을 적용하는 것도 고려할 필요가 있다.

응용하기

- 목표 관용어를 포함한 표현 두 가지 이상 만들기
  - 아동에게 '배가 등에 붙다'라는 표현이 들어갈 만한 상황이 또 어떤 것이 있을지 이야기해 보게 한다.
  - 그 상황에서 '배가 등에 붙다'를 포함하여 상황을 설명해 보게 한다.
  - 앞과 같은 방법으로 다른 상황과 방법을 한 번 더 만들어 보게 한다.
- 유사한 다른 표현 알기(예: '배가 등가죽에 붙다')

중재목표

05

'쥐도 새도 모르게'의 의미를 알고 표현할 수 있다

언어 수준

- 단어 '쥐' '새' '모르다'의 뜻은 정확하게 알지만 '쥐도 새도 모르게'라는 관용어의 속뜻을 맥락에서 자발적으로 이해하지 못하는 아동
- 글을 읽을 때 어려운 단어를 이해하는 데 다양한 방법의 중재와 반복이 필요한 아동
- 자발적으로 복문을 표현할 수 있는 아동

언어 목표

- '쥐도 새도 모르게'의 뜻을 정확하게 이해하고 이를 적용하여 표현할 수 있다.

사용 카드

- 명사 7(육지동물): 쥐
- 명사 7(조류): 참새
- 서술어 2(수업시간): 모르다

활동절차: 중재 전략 및 유의사항

(1) 그림을 보면서 목표 관용어 알기

• 아동에게 두 개의 그림카드를 보여 주면서 목표 표현을 살펴본다.

"이제부터 재미있는 표현을 배워 볼 거야. 이 표현은 그림으로 보이는 뜻이 아닌 진짜 속뜻이 따로 있거든. 표현과 뜻을 배워 보자. 먼저 그림부터 보여 줄게."

('쥐' 그림카드를 보여 주고) "이거는 뭐야?"

(아동의 반응을 기다리고) "그래, 이건 쥐야."

('참새' 그림카드를 보여 주고) "이거는 뭐야?"

(아동의 반응을 기다리고) "그래, 이건 새야."

('모르다' 그림카드를 보여 주고) "친구 표정이 어떤 것 같아?"

(아동의 반응을 기다리고) "그래, 모르는 것 같아."

('쥐' '새' '모르다' 그림카드를 나란히 놓고) "자, 그럼 이 세 카드를 연결해서 문장을 만들어 볼게. '쥐도 새도 모르게'야. 쥐도 새도 모르게? 진짜 뜻이 뭘까?"

(2) 목표 관용어의 뜻 알기

• 관용어 표현이 들어간 문장을 듣고 뜻을 유추하게 한다.

"'쥐도 새도 모르게'가 나오는 상황을 들려줄게. 잘 들어 봐."

-그 도둑은 이 건물에서 쥐도 새도 모르게 빠져나갔다.
-누가 내 돈을 쥐도 새도 모르게 훔쳐 갔다.
-그 남자는 골목길로 들어가더니 쥐도 새도 모르게 사라졌다.

"어때? '쥐도 새도 모르게'의 뜻이 뭔지 알 것 같아? 그럼 내가 두 개의 보기를 줄 테니까 둘 중에 어떤 게 맞을지 맞추어 봐."

1번	아무도 모르게, 몰래 어떤 행동을 하거나 그런 일이 일어났을 때 쓰는 표현 (○)
2번	먹은 것이 없어서 배가 홀쭉하고 몹시 배고플 때 쓰는 표현 (×)

유의사항: 아동이 의미를 유추하지 못하면 문장 3개를 다시 한 번 들려주고 그래도 어려워하면 직접 관용어의 의미를 설명해 준다(예: "새는 낮에 깨어 있고 쥐는 주로 밤에 깨어 있잖아. '쥐도 새도 모르게'는 낮에는 새가 모르게 밤에는 쥐가 모르게 뭔가를 하라는 말이야. 즉, '아무도 모르게, 몰래 어떤 행동을 하거나 그런 일이 일어났을 때' 쓰는 표현이야.").

• 문장의 뜻을 확인한 뒤에는 상황을 보여 주고, 그중 목표 표현이 들어갈 상황을 고르게 한다.

"내가 지금부터 두 가지 상황을 그림과 함께 들려줄 건데 이 중에 '쥐도 새도 모르게'라는 표현에 맞는 상황이 어떤 건지 골라 봐."

1번	책상 위에 지갑을 올려 두었는데 갑자기 지갑이 사라졌다. (○) 
2번	혜린이는 이틀 동안 밥을 먹지 못하자 너무 배가 고팠다. (×) 

유의사항: 아동이 상황 선택에서 어려워하면 앞에서 들려준 문장을 예로 들어 다시 한 번 설명해 준다(예: "어떤 남자가 골목길로 들어갔어. 그런데 다시 보니 쥐도 새도 모르게 사라졌어.").

(3) 목표 관용어 넣어 문장 만들기

- 앞에서 상황 선택을 올바르게 했다면 그 상황을 이용하여 문장을 만들게 한다.

"그럼 이제 네가 '쥐도 새도 모르게'를 넣어서 그 상황을 설명하는 거야. 상황을 다시 한 번 말해 줄게."

–책상 위에 지갑을 올려 두었는데 갑자기 지갑이 사라졌다.

유의사항: 아동이 완전한 문장을 만들기 어려워하면 앞부분을 선생님이 먼저 시작해 주고 목표 표현은 아동이 말하게 한다[예: "책상 위에 지갑을 올려두었는데……. (아동이 이어서 말하게 함)"].

아동 반응 및 중재 효과

- 적절한 표현 고르기: 다음 세 개의 문장을 제시하고 '쥐도 새도 모르게'의 쓰임이 적절한 문장 하나를 고르게 한다.

–도둑이 쥐도 새도 모르게 도망쳐서 도저히 찾을 수가 없다. (○)
–나는 쥐도 새도 모른다. (×)
–우리는 쥐도 새도 모르게 조용해졌다. (×)

- 문장 만들기: '쥐도 새도 모르게'를 넣어서 새로운 문장을 1개 만들게 한다.

	'쥐도 새도 모르게'	
	이해: 적절한 표현 고르기	표현: 문장 만들기
자발적 정반응		
도움받아 정반응		
오반응		

활용 사례- 만 8세 6개월(여)

	'쥐도 새도 모르게'	
	이해: 적절한 표현 고르기	표현: 문장 만들기
자발적 정반응		
도움받아 정반응	+ '단서 하나 더 주세요'	+ '나는 쥐도 새도 모르게 먹었다' → '나는 쥐도 새도 모르게 혼자서 아이스크림을 다 먹었다'
오반응		

- 이해 과제에서 '단서 하나 더 주세요'라고 하여 '쥐도 새도 모르게'가 들어간 문장을 하나 더 말해 주었더니 정반응하였다. 표현 과제에서는 '나는 쥐도 새도 모르게 먹었다.'라고 하여 의미가 충분치 않았다. 좀 더 길고 자세하게 만들어 달라고 요청하였더니 아동은 '나는 쥐도 새도 모르게 혼자서 아이스크림을 다 먹었다.'라고 정반응하였다.
- 정확한 이해를 위해 앞의 과정을 다시 한 번 자세히 설명하고 더 많은 예를 적용하여 제시할 필요가 있다.

응용하기

• 목표 관용어를 포함한 표현 두 가지 이상 만들기

–아동에게 '쥐도 새도 모르게'라는 표현이 들어갈 만한 상황이 또 어떤 것이 있을지 이야기 해 보게 한다.

–그 상황에서 '쥐도 새도 모르게'를 포함하여 상황을 설명해 보게 한다.

–앞과 같은 방법으로 다른 상황과 방법을 한 번 더 만들어 보게 한다.

중재목표

06

'귀에 못이 박히다'의 의미를 알고 표현할 수 있다

언어 수준

- 단어 '귀' '못' '박히다'의 뜻은 정확하게 알지만 '귀에 못이 박히다'라는 관용어의 속뜻을 맥락에서 자발적으로 이해하지 못하는 아동
- 글을 읽을 때 어려운 단어를 이해하는 데 다양한 방법의 중재와 반복이 필요한 아동
- 자발적으로 복문을 표현할 수 있는 아동

언어 목표

- '귀에 못이 박히다'의 뜻을 정확하게 이해하고 이를 적용하여 표현할 수 있다.

사용 카드

- 명사 8(신체부위): 귀
- 명사 5(연장): 못
- 서술어 5(기타): 박다

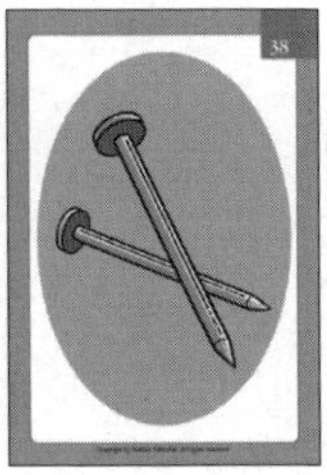

활동절차: 중재 전략 및 유의사항

(1) 그림을 보면서 목표 관용어 알기

• 아동에게 두 개의 그림카드를 보여 주면서 목표 표현을 살펴본다.

"이제부터 재미있는 표현을 배워 볼 거야. 이 표현은 그림으로 보이는 뜻이 아닌 진짜 속뜻이 따로 있거든. 표현과 뜻을 배워 보자. 먼저 그림부터 보여 줄게."

('귀' 그림카드를 보여 주고) "이거는 뭐야?

(아동의 반응을 기다리고) "그래, 이건 귀야."

('못' 그림카드를 보여 주고) "이거는 뭐야?"

(아동의 반응을 기다리고) "그래, 이건 못이야."

('박다' 그림카드를 보여 주고) "이게 어떻게 되는 것 같아?"

(아동의 반응을 기다리고) "그래, 박히는 것 같아."

('귀' '못' '박다' 그림카드를 나란히 놓고) "자, 그럼 이 세 카드를 연결해서 문장을 만들어 볼게. '귀에 못이 박히다'야. 귀에 못이 박혀? 진짜 뜻이 뭘까?"

(2) 목표 관용어의 뜻 알기

• 관용어 표현이 들어간 문장을 듣고 뜻을 유추하게 한다.

"이제 '귀에 못이 박히다'라는 표현이 들어가는 문장들을 들려줄게. 잘 들어보고 무슨 뜻일지 생각해 보자."

-엄마는 나에게 거짓말은 절대 하지 말라고 귀에 못이 박히게 말씀하셨다.
-그 이야기는 너무 많이 들어서 이제 귀에 못이 박힐 지경이야.
-선생님은 교실에서 뛰지 말라고 귀에 못이 박히게 말씀하셨다.

"어때? '귀에 못이 박히다'의 뜻이 뭔지 알 것 같아? 그럼 내가 두 개의 보기를 줄 테니까 둘 중에 어떤 게 맞을지 맞추어 봐."

1번	같은 말을 너무 여러 번 들을 때 쓰는 표현 (○)
2번	아무도 모르게, 몰래 어떤 행동을 하거나 그런 일이 일어났을 때 쓰는 표현 (×)

유의사항: 아동이 의미를 유추하지 못하면 문장 3개를 다시 한 번 들려주고 그래도 어려워 하면 직접 관용어의 의미를 설명해 준다(예: "우리가 벽에 못을 박을 때 망치로 못을 여러 번 두드려야 못이 박히잖아. 그런 것처럼 '귀에 못이 박히다'는 '같은 말을 너무 여러 번 들을 때' 쓰는 표현이야.")

• 문장의 뜻을 확인한 뒤에는 상황을 보여 주고, 그중 목표 표현이 들어갈 상황을 고르게 한다.

"내가 지금부터 두 가지 상황을 그림과 함께 들려줄 건데 이 중에 '귀에 못이 박히다'라는 표현에 맞는 상황이 어떤 건지 골라 봐."

1번	아빠한테 공부 잘하라는 말을 너무 많이 듣는다. (○) 
2번	책상 위에 지갑을 놔두었는데 갑자기 지갑이 사라졌다. (×) 

유의사항: 아동이 상황 선택에서 어려워하면 앞에서 들려준 문장을 예로 들어 다시 한 번 설명해 준다(예: "선생님한테 뛰지 말라는 말씀을 너무 들어서 귀에 못이 박힐 것 같아.").

(3) 목표 관용어 넣어 문장 만들기

- 앞의 상황 선택을 올바르게 했다면 그 상황을 이용하여 문장을 만들게 한다.

"그럼 이제 네가 '귀에 못이 박히다'를 넣어서 그 상황을 설명하는 거야. 상황을 다시 한 번 말해 줄게."

–아빠한테 공부 잘하라는 말을 너무 많이 듣는다.

유의사항: 아동이 완전한 문장을 만들기 어려워하면 앞부분을 선생님이 먼저 시작해 주고 목표 표현은 아동이 말하게 한다[예: "아빠한테 공부 잘하라는 말을……. (아동이 이어서 말하게 함)"].

아동 반응 및 중재 효과

- 적절한 표현 고르기: 다음 세 개의 문장을 제시하고 '귀에 못이 박히다'의 쓰임이 적절한 문장 하나를 고르게 한다.

–친구의 목소리가 너무 커서 귀에 못이 박힐 지경이다. (×)
–그 이야기는 너무 많이 들어서 이제 귀에 못이 박힐 지경이야. (○)
–인형 귀에 못이 박혀 있었다. (×)

- 문장 만들기: '귀에 못이 박히다'를 넣어서 새로운 문장을 1개 만들게 한다.

	'귀에 못이 박히다'	
	이해: 적절한 표현 고르기	표현: 문장 만들기
자발적 정반응		
도움받아 정반응		
오반응		

활용 사례- 만 8세 9개월(여)

	'귀에 못이 박히다'	
	이해: 적절한 표현 고르기	표현: 문장 만들기
자발적 정반응	+	
도움받아 정반응		
오반응		+

- 이해 과제에서 정반응하였으나 표현 과제에서는 무응답하여 선생님이 상황을 제시하며 문장의 시작을 말하였으나 아동은 '모르겠어요'라고 하였다.
- 정확한 이해를 위해 앞의 과정을 다시 한 번 자세히 설명하고 더 많은 예를 적용하여 제시할 필요가 있다.
- 이해 과제에서는 자발적 정반응을 하는데 표현 과제에서 계속 어려움을 보이면 구문 표현 능력 제한으로 인한 오반응인지 생각해 볼 필요가 있다. 제한적 구문 표현 능력으로 인한 것으로 판단되면 선생님이 문장의 시작을 말해 주거나 이해까지만 목표로 한다.

응용하기

- 목표 관용어를 포함한 표현 두 가지 이상 만들기
  - 아동에게 '귀에 못이 박히다'라는 표현이 들어갈 만한 상황이 또 어떤 것이 있을지 이야기 해 보게 한다.
  - 그 상황에서 '귀에 못이 박히다'를 포함하여 상황을 설명해 보게 한다.
  - 앞과 같은 방법으로 다른 상황과 방법을 한 번 더 만들어 보게 한다.
- '귀에 못이 박히다'의 유의어 익히기
  - '귀에 못이 박히다'와 유사한 의미로 '귀가 따갑게'라는 표현이 있음을 가르칠 수 있다.

의미 편 사용 낱말 목록

*'우리말카드'에서 제시된 번호이다.

	낱말	낱말 통 번호		낱말	낱말 통 번호
1	가다	서술어 2	31	딸기	명사 9
2	가볍다	서술어 1	32	로션	명사 4
3	가슴	명사 8	33	말리다	서술어 3
4	가위	명사 5	34	맞다	서술어 5
5	가을	명사 6	35	맞추다	서술어 2
6	간호사	명사 2	36	머리	명사 8
7	감다	서술어 3	37	먹다	서술어 3
8	감자튀김	명사 9	38	모르다	서술어 2
9	겨울	명사 6	39	목	명사 8
10	경찰관	명사 2	40	목도리	명사 8
11	경찰서	명사 6	41	목사	명사 2
12	계란	명사 9	42	목욕하다	서술어 3
13	고추	명사 9	43	못	명사 5
14	공부하다	서술어 2	44	무	명사 9
15	과자	명사 9	45	무릎	명사 8
16	구경하다	서술어 4	46	문	명사 5
17	귀	명사 8	47	미용사	명사 2
18	기다리다	서술어 5	48	미용실	명사 6
19	기도하다	서술어 4	49	바나나	명사 9
20	기린	명사 7	50	바지	명사 8
21	깨끗하다	서술어 1	51	박다	서술어 5
22	낫다	서술어 5	52	배	명사 8
23	내복	명사 8	53	병원	명사 6
24	노란색	명사 3	54	보라색	명사 3
25	눈	명사 8	55	봄	명사 6
26	당근	명사 9	56	분홍색	명사 3
27	더럽다	서술어 1	57	붙이다	서술어 2
28	돈가스	명사 9	58	비누	명사 4
29	돼지	명사 7	59	빗	명사 4
30	등	명사 8	60	빠지다	서술어 5

61	빨간색	명사 3	95	입	명사 8
62	사과	명사 9	96	자르다	서술어 2
63	색연필	명사 5	97	잠옷	명사 8
64	색칠하다	서술어 2	98	재다(몸무게)	서술어 5
65	생선	명사 9	99	재다(키)	서술어 5
66	샴푸	명사 4	100	접다	서술어 2
67	선생님	명사 2	101	조끼	명사 8
68	소세지	명사 9	102	주스	명사 9
69	소방관	명사 2	103	주황색	명사 3
70	소방서	명사 6	104	쥐	명사 7
71	소아과	명사 6	105	진찰하다	서술어 5
72	수건	명사 4	106	집배원	명사 2
73	수박	명사 9	107	찢다	서술어 2
74	수영복	명사 8	108	참새	명사 7
75	슈퍼	명사 6	109	책상	명사 4
76	시계	명사 5	110	초록색	명사 3
77	쓰레기통	명사 5	111	치다	서술어 4
78	씻다	서술어 3	112	치마	명사 8
79	아이스크림	명사 9	113	치킨	명사 9
80	악어	명사 7	114	칫솔	명사 4
81	약	명사 5	115	칼	명사 5
82	약국	명사 6	116	커피	명사 9
83	양말	명사 8	117	컴퓨터	명사 4
84	양치질하다	서술어 3	118	컵	명사 4
85	여름	명사 6	119	코	명사 8
86	오리다	서술어 2	120	코끼리	명사 7
87	오이	명사 9	121	콜라	명사 9
88	외투	명사 8	122	파란색	명사 3
89	요리사	명사 2	123	포도	명사 9
90	우유	명사 9	124	하마	명사 7
91	우체국	명사 6	125	학교	명사 6
92	의사	명사 2	126	햄	조음어휘 3
93	의자	명사 4	127	햄버거	명사 9
94	이	명사 8	128	호박	명사 9

담화 편 - 경험을 이야기하고 설명해요!

담화란 의사소통을 위하여 사용되는 언어 행위로 담화에 사용되는 언어는 의사소통 과정에서 공유된 지식이나 의도 등과 같은 여러 가지 요소를 반영한다. 담화의 종류에는 즐거움을 주는 것을 목적으로 인과관계의 사건들을 산출하는 것이 있고 정보 전달의 목적으로 하는 담화도 있다. 전자는 이야기 담화이고 후자는 설명 담화다.

이야기 담화

이야기 담화는 일반적으로 매일의 사건에 대한 이야기, 개인의 경험을 나누는 개인 경험 이야기, 꾸며 낸 이야기를 말하는 허구 이야기 등으로 나뉜다. 특히 우리는 일상에서 다양한 경험들을 하게 되고 그 경험 내에서 타인과 상호작용하면서 이야기하는 경우가 많다. 예를 들어, 가정에서 부모와 생일파티를 한 경험, 친구와 다퉜던 경험, 가족과 함께 여행한 경험, 아파서 병원에 갔던 경험 등이 있다.

이야기 담화는 이야기 문법을 통해 이야기에서 발견되는 규칙을 설명할 수 있다. 이야기 문법은 배경(장소, 시간, 등장인물에 대한 소개 등)과 에피소드 체계로 이루어진다. 에피소드 체계는 계기 사건, 내적 반응(사건에 대한 느낌, 정서 등), 시도, 결과로 이루어져 있다. 그리고 하나의 에피소드가 완전하게 이루어지기 위해서는 주인공의 행동이 목적이 되는 계기 사건, 주인공이 계기 사건을 해결하기 위한 행동(시도), 목표 달성의 여부(결과)가 반드시 포함되어야 한다. 예를 들어, 한 아이가 '배가 아파서 병원에 갔던 경험'을 주제로 이야기를 한다고 가정해 보자. "날씨가 너무 더워서 아이스크림을 많이 먹었어요. 배가 너무 아팠어요. 너무 속상했어요. 그래서 엄마랑 병원에 갔어요. 진찰받고 다 나았어요."라고 이야기를 산출하였다.

이때 '날씨가 너무 더워서 아이스크림을 많이 먹었어요.'는 이야기 문법 요소에서 '배경'이 되고 '배가 너무 아팠어요.'는 '계기가 되는 사건(계기 사건)'이 된다. '너무 속상했어요.'는 사건에 대한 느낌으로 '내적 반응'이 되고, '그래서 엄마랑 병원에 갔어요.'는 계기 사건에 대한 '시도'가 되며, 마지막으로 '진찰 받고 다 나았어요.'는 목표 달성의 여부인 '결과'가 된다. 물론 개인 경험 이야기는 같은 주제라고 하더라도 개인의 경험에 따라 다른 이야기들이 산출될 것이며 포함된 이야기 문법 내용도 달라질 수 있다.

설명 담화

설명 담화는 정보 전달의 목적으로 분석, 분류, 절차, 비교/대조 구조 등으로 나뉜다.

분석 구조는 대상을 부분으로 나누어 설명하는 방법이다. 예를 들어, '시계는 시침, 초침, 분침, 태엽 등으로 나눌 수 있다.' 혹은 '꽃은 암술, 수술, 꽃잎, 꽃받침 등으로 이루어져 있다.' '시조는 초장, 중장, 종장으로 구성되어 있다.' 등으로 설명할 수 있다.

분류 구조는 어떤 대상들이나 생각들을 공통적인 특성에 근거하여 나누거나 묶는 방법이다. 예를 들어, '문학은 일반적으로 시, 소설, 수필, 희곡 등으로 나뉜다.' 혹은 '병원의 종류는 소아과, 이비인후과 등으로 나뉜다.' 등으로 설명할 수 있다.

절차 구조는 어떠한 절차를 순서대로 설명하는 방법이다. 예를 들어, '샌드위치 만드는 방법' '비행기 조립 만드는 방법' 등을 순서대로 설명하는 것을 말한다.

비교/대조 구조는 둘 이상의 대상에 대해 공통점과 차이점을 중심으로 설명하는 것이다. 예를 들어, '텔레비전과 라디오' '비행기와 기차' '동물과 식물' 등의 공통점과 차이점을 설명할 수 있다.

담화는 연령이 증가하면서 더욱 중요하게 된다. 특히 담화는 어릴 때뿐만 아니라 학령기 전반에서 학업 성취와 사회성 발달에 매우 중요한 위치를 차지하게 된다. 따라서 이 프로그램을 통해 임상 현장 및 가정 내에서 초기 담화 발달을 촉진할 때 보다 쉽게 적용할 수 있기를 바라며 추후 아이가 성장하면서 보다 높은 수준의 담화 및 학업 발달에 긍정적인 영향을 미칠 수 있길 바란다.

구성

'담화 편'에서는 이야기 담화, 설명 담화, 듣기와 함께하는 이야기와 설명 담화 촉진에 대해 소개하고 있다. 각 '중재목표'의 구성 요소는 '언어 수준' '언어 목표' '사용 카드' '활동절차: 중재 전략 및 유의사항' '아동 반응 및 중재 효과' '활용사례' '응용하기'로 이루어져 있다.

≫ 이야기 담화

이야기 담화는 가정, 유치원, 병원 등에서 경험할 수 있는 주제를 선정하여 '중재목표' '언어 수준' '언어 목표' '사용 카드'를 소개한다. 활동절차에서는 이야기를 유도하는 방법과 촉진 활동에 대해 제시하였고, 촉진 활동에서는 '미리 경험 나누기' '우리말카드를 활용하여 어휘 촉진하기' '의문사 질문하여 이야기 이해와 산출 돕기'를 소개한다. '아동 반응 및 중재 효과'에서는 아동의 이야기 발화를 '자발 산출'과 '촉진 후 산출'로 나누어 산출된 이야기 문법 요소를 기록하여 중재 효과를 확인하도록 제시한다.

≫ 설명 담화

설명 담화는 '분석' '절차' '분류' '비교/대조' 구조로 나누어 소개한다. 주제는 '바나나 우유 만드는 방법을 순서대로 설명하기' '과일과 채소를 분류하여 설명하기' '호랑이와 토끼의 같은 점과 다른 점 설명하기' '집의 구조를 나누고 설명하기' '바람개비 만드는 방법을 순서대로 설명하기' '병원의 종류를 나열하여 말하기'로 이루어져 있다. '아동 반응 및 중재 효과'에서는 아동이 산출한 설명 담화가 내용적인 측면에서 잘 갖추어 설명되었는지와 설명 담화 구조에 맞게 잘 설명되었는지를 확인하도록 제시한다.

≫ 듣기와 함께하는 이야기와 설명 담화

듣기와 함께하는 이야기와 설명 담화에서는 '모음과 자음이 서로 다른 낱말을 듣고 변별하면서 설명하기' '모음과 자음이 서로 다른 낱말을 듣고 변별하면서 경험 이야기하기' 촉진 방법을 소개한다. 앞서 소개한 이야기 담화 촉진과 설명 담화 촉진과는 달리 듣기와 담화 산출을 함께 유도하고 피드백을 제공할 수 있고 이에 따른 중재 효과를 살펴볼 수 있도록 제시한다.

제3장

이야기 담화

중재목표

01

'이가 아파서 치과에 간 경험(병원)' 에 대해 1개의 에피소드를 갖추어 산출할 수 있다

언어 수준

- 이야기: 자신이 경험한 이야기를 조리 있게 전달하지 못하는 아동
- 의미: 담화 표현 시, 단어 인출에 어려움이 있는 아동
- 문법: 4~5개 단어 조합 이상 문장 표현이 어려운 아동(단, 적어도 2~3개 단어 조합 문장 표현 가능한 아동)
- 대화: 대화 주고받기가 2회 이상 가능한 아동

언어 목표

- 이가 아파서 치과에 간 경험(병원)에 대해 에피소드를 갖추어 산출할 수 있다.
- 언어 목표의 예시

  난 (사탕)* 많이 먹었어.

  (이가 썩었어)*.

  (치과)* 갔어.

  썩은 이를 뺐어.

유의사항

'언어 목표'에서 제시된 (　　　　　)*는 아동의 경험에 따라 다른 내용으로 바뀔 수 있음을 나타낸다. ('응용하기' 참고)

사용 카드

- 명사 9(음식): 사탕
- 명사 8(신체부위): 이
- 명사 6(공공장소): 치과
- 서술어 3(요리): 먹다
- 서술어 5(병원): 썩다, 빼다

활동절차: 중재 전략 및 유의사항

(1) 이야기 카드 준비

- 이야기 산출을 위해 필요한 우리말카드를 미리 준비한다.

(2) 이야기 구조 확인

- 선생님은 아동에게 이야기 구조에 대해 이해를 시켜 준다.

〈이야기 구조 설명에 대한 예〉

"○○아, 우리 경험한 이야기를 함께 해 볼 거야. 어떠한 일이 일어났는지, 왜 그런 일이 일어났는지, 그래서 어떻게 해결했고 그다음에 어떻게 되었는지 이야기해 주는 거야."

"내가 병원 가서 겪었던 이야기를 해 줄게. 난 사탕 많이 먹었어. 이가 썩었어. 치과 갔어. 썩은 이를 뺐어."

(3) 자발 산출

- 경험 이야기 스스로 말하기: 그림을 제공하지 않고 아동에게 경험했던 이야기를 스스로 산출하도록 유도한다. 이때 아동의 발화를 전사하여 강점과 약점을 확인한다.

〈자발 산출 유도 지시 예〉

"○○아, 이가 아파서 치과에 간 경험 있어? 그럼 겪었던 경험을 길게 이야기해 줘."

"왜 치과에 갔고 어떻게 했고 어떻게 되었는지 이야기해 줘."

(4) 이야기 촉진 활동

- 미리 경험 나누기: 선생님은 미리 준비한 그림카드들을 바닥에 펼쳐 보여 주면서 아동에게 '이가 아파서 치과에 간 경험'이 있는지를 물어본다.
- 우리말카드를 활용하여 어휘 촉진하기: 이야기와 관련된 우리말카드를 아동에게 보여 주고 어휘를 산출하도록 유도한다. 어휘 산출이 어려운 경우, 어휘를 경험과 연결하여 알려 주고 목표 어휘를 알려 준다.

<table>
<tr><th colspan="2">이야기 산출 목표</th><th>어휘</th><th>아동 반응</th></tr>
<tr><td>난 (사탕)* 많이 먹었어.</td><td>배경</td><td rowspan="5">사탕
이
치과
먹다
썩다
빼다
기타:
–</td><td rowspan="5"></td></tr>
<tr><td>(이가 썩었어)*</td><td>계기 사건</td></tr>
<tr><td>(치과)* 갔어.</td><td>시도</td></tr>
<tr><td>썩은 이를 뺐어.</td><td>결과</td></tr>
<tr><td>–</td><td>내적 반응</td></tr>
</table>

- 의문사 질문하여 이야기 이해와 산출 돕기: 아동의 약점을 바탕으로 의문사 질문을 통해 완성된 문장 형태로 이야기 문법 산출을 확장한다. 아동이 적절하게 대답한 경우 혹은 적절하게 대답하였지만 단답형으로 대답한 경우, 완성된 문장 형태로 다시 들려준다. 적절하게 대답하기 어려운 경우, 목표 대답을 들려준 후 모방하도록 유도한다. 필요한 경우, 카드를 다시 보여 주고 어휘를 확인시켜 준다.

〈의문사 질문한 후 촉진 지시 예〉

"자, 질문할게. 잘 듣고 대답해 줘. 사탕 많이 먹어서 이가 어떻게 됐어?"

"응, 썩었어. 사탕 많이 먹어서 이가 썩었어?"

"응, 기억이 안 나? 카드 보여 줄게. 다시 봐 봐."

이야기 산출 목표		이야기 유도 의문사 질문	아동 반응
난 (사탕)* 많이 먹었어.	배경	무엇을 많이 먹었어?	
(이가 썩었어)*	계기 사건	사탕 많이 먹어서 어떻게 됐어?	
(치과)* 갔어.	시도	아파서 어디 갔어?	
썩은 이를 뺐어.	결과	썩은 이를 어떻게 했어?	
–	내적 반응	–	

- 경험 이야기 시범 보여 주기: 아동 스스로가 경험 이야기 산출이 어려운 경우, 선생님은 언어 목표를 참고하여 관련 경험 이야기를 들려준다. 들려준 후 완성된 이야기를 산출하도록 유도한다.

〈경험 이야기 시범 예〉

"응, 내가 경험했던 이야기해 줄게. 난 사탕 많이 먹었어. 이가 썩었어. 치과 갔어. 썩은 이를 뺐어."

"잘 들었지? 다시 한 번 이야기해 보자."

(5) 촉진 후 산출

- 촉진 후, 완성된 이야기를 다시 산출하도록 유도한다. 아동에 따라 필요한 경우, 앞의 촉진 훈련을 선택하여 반복 훈련을 한다.

〈촉진 후 산출 유도 지시 예〉

"자, 그럼 이제 이 이야기를 다른 친구한테도 한 번 들려줄 거야. '이가 아파서 치과에 간 경험'을 길게 이야기해 주는 거야."

유의사항

- 의미– 아동의 경험에 따라 (   )의 내용은 수정할 수 있다.
- 구문– 구문 촉진 시, 아동의 언어 수준에 맞추어 수정할 수 있다.
- 아동의 경험에 따라 이야기 유도 의문사 질문은 수정할 수 있다.

아동 반응 및 중재 효과

- 자발적 산출을 통해 아동에게 이야기 산출을 유도한다. (1)에 아동의 발화를 전사한 후 산출된 이야기 문법에 '+' 표시한다.
- 촉진 후, 아동에게 다시 이야기 산출을 유도한다. (2)에 아동의 발화를 전사한 후 산출된 이야기 문법에 '+' 표시하여 촉진 효과를 확인한다.

(1) 자발 산출		(2) 촉진 후 산출	
	배경( )		배경( )
	계기 사건( )		계기 사건( )
	시도( )		시도( )
	결과( )		결과( )
–	내적 반응( )	–	내적 반응( )

활용 사례– 만 6세 4개월(여)

- 아동은 2~3개 단어 조합 문장을 연결하여 말할 수 있으나 자신이 경험한 이야기를 조리 있게 전달하기를 어려워한다.
- 카드를 제공하였을 때 어휘를 인출할 수 있으나 이야기 담화 표현 시, 인출에 어려움이 있다.
- 자발적 산출을 통해 아동에게 이야기 산출을 유도하였는데 "몰라요. 치과 갔어요."라고 표현하였다. (1)에 아동의 발화를 전사한 후 이야기 문법은 '시도'에 '+' 표시하였다.

(1) 자발 산출		(2) 촉진 후 산출	
몰라요.	배경( )		배경( )
	계기 사건( )		계기 사건( )
치과 갔어요.	시도(+)		시도( )
	결과( )		결과( )
–	내적 반응( )	–	내적 반응( )

• 우리말카드를 활용하여 어휘 촉진하기: 이야기와 관련된 우리말카드를 아동에게 보여 주고 어휘를 산출하도록 유도하였다. 그 결과, 어휘 중 '빼다' 인출에 어려움을 보였다.

이야기 산출 목표		어휘	아동 반응
난 (사탕)* 많이 먹었어.	배경	사탕 이 치과 먹다 썩다 빼다 기타 :	사탕(+) 이(+) 치과(+) 먹다(+) 썩다(+) 빼다('이렇게 했어요.'라고 대답)
(이가 썩었어)*	계기 사건		
(치과)* 갔어.	시도		
썩은 이를 뺐어.	결과		
–	내적 반응	–	–

• 의문사 질문하여 이야기 이해와 산출 돕기: 아동의 약점을 바탕으로 의문사 질문을 통해 완성된 문장 형태로 이야기 문법 산출을 확장하였다. 아동이 적절하게 대답한 경우, 혹은 적절하게 대답하였지만 단답형으로 대답한 경우, 완성된 문장 형태로 다시 들려주었다.

이야기 산출 목표		이야기 유도 의문사 질문	아동 반응
난 (사탕)* 많이 먹었어.	배경	무엇을 많이 먹었어?	1차: "사탕이요." 2차: "사탕을 많이 먹었어요."
(이가 썩었어)*	계기 사건	사탕 많이 먹어서 어떻게 됐어?	1차: "썩었어요." 2차: "이가 썩었어요."
(치과)* 갔어.	시도	아파서 어디 갔어?	1차: "치과 갔어요."

썩은 이를 뺐어.	결과	썩은 이를 어떻게 했어?	1차: "뺐어요." 2차: "썩은 이를 뺐어요."
–	내적 반응	–	–

• 촉진 후, 아동에게 다시 이야기 산출을 유도하였는데 "사탕 먹었어요. 이가 썩었어요. 그래서 치과에 가서 이를 뺐어요."라고 표현하였다. (2)에 아동의 발화를 전사한 후 이야기 문법은 '배경' '계기 사건' '시도' '결과'에 '+' 표시하였다.

(1) 자발 산출		(2) 촉진 후 산출	
몰라요.	배경( )	사탕 먹었어요.	배경(+)
	계기 사건( )	이가 썩었어요.	계기 사건(+)
치과 갔어요.	시도(+)	그래서 치과에 가서	시도(+)
	결과( )	이를 뺐어요.	결과(+)
–	내적 반응( )	–	내적 반응( )

응용하기

• 단어 응용하기: 아동의 경험에 비추어 단어를 다양하게 응용할 수 있다.

어휘	범주
사탕	명사 9(음식)카드 활용
이가 썩다	명사 8(신체부위), 서술어 5(지역사회 생활–병원)카드 활용
치과	명사 6(공공장소)카드 활용

• 가정 내 지도 과제: 가정에서 치과를 다녀온 이후 어떤 경험을 했는지 이야기해 본다.

중재목표

'여름에 수영장 간 경험(가정)' 에 대해 1개의 에피소드를 갖추어 산출할 수 있다

언어 수준

- 이야기: 자신이 경험한 이야기를 조리 있게 전달하지 못하는 아동
- 의미: 담화 표현 시, 단어 인출에 어려움이 있는 아동
- 문법: 4~5개 단어 조합 이상 문장 표현이 어려운 아동(단, 적어도 2~3개 단어 조합 문장 표현 가능한 아동)
- 대화: 대화 주고받기가 2회 이상 가능한 아동

언어 목표

- 여름에 수영장 간 경험(가정)에 대해 에피소드 갖추어 산출한 수 있다.
- 언어 목표의 예시

  여름이었어.

  날씨가 더웠어.

  (아빠, 엄마)*랑 (수영장)*에 갔어.

  신나게 수영했어.

  너무 즐거웠어.

유의사항

'언어 목표'에서 제시된 (   )*는 아동의 경험에 따라 다른 내용으로 바뀔 수 있음을 나타낸다. ('응용하기' 참고)

사용 카드

- 명사 6(때 · 날씨): 여름
- 명사 6(여가): 수영장
- 서술어 1(반대말): 덥다
- 서술어 1(반대말): 즐겁다

활동절차: 중재 전략 및 유의사항

(1) 이야기 카드 준비

- 이야기 산출을 위해 필요한 우리말카드를 미리 준비한다.

(2) 이야기 구조 확인

- 선생님은 아동에게 이야기 구조에 대해 이해를 시켜 준다.

〈이야기 구조 설명에 대한 예〉

"○○아, 우리 경험한 이야기를 함께 해 볼 거야. 어떠한 일이 일어났는지, 왜 그런 일이 일어났는지, 그래서 어떻게 해결했고 그다음에 어떻게 되었는지 이야기해 주는 거야."

"내가 여름에 수영장에 간 것 이야기해 줄게. 여름이었어. 날씨가 더웠어. 아빠, 엄마랑 수영장에 갔어. 신나게 수영했어. 너무 즐거웠어."

(3) 자발 산출

- 경험 이야기 스스로 말하기: 그림을 제공하지 않고 아동에게 경험했던 이야기를 스스로 산출하도록 유도한다. 이때 아동의 발화를 전사하여 강점과 약점을 확인한다.

〈자발 산출 유도 지시 예〉

"○○아, 여름에 수영장 간 경험 있어? 그럼 겪었던 경험을 길게 이야기해 줘."

"왜 수영장을 갔고 어떻게 했고 어떻게 되었는지 이야기해 주는 거야. 자, 시작."

(4) 이야기 촉진 활동

- 미리 경험 나누기: 선생님은 미리 준비한 그림카드들을 바닥에 펼쳐 보여 주면서 아동에게 '여름에 수영장 간 경험'이 있는지를 물어본다.
- 우리말카드를 활용하여 어휘 촉진하기: 이야기와 관련된 우리말카드를 아동에게 보여 주고 어휘를 산출하도록 유도한다. 어휘 산출이 어려운 경우, 어휘를 경험과 연결하여 알려 주고 목표 어휘를 알려 준다.

이야기 산출 목표		어휘	아동 반응
여름이었어.	배경	여름 수영장 덥다 즐겁다 기타:	
날씨가 더웠어.	계기 사건		
(아빠, 엄마)*랑 (수영장)*에 갔어.	시도		
신나게 수영했어.	결과		
너무 즐거웠어.	내적 반응		

- 의문사 질문하여 이야기 이해와 산출 돕기: 아동의 약점을 바탕으로 의문사 질문을 통해 완성된 문장 형태로 이야기 문법 산출을 확장한다. 아동이 적절하게 대답한 경우 혹은 적절하게 대답하였지만 단답형으로 대답한 경우, 완성된 문장 형태로 다시 들려준다. 적절하게 대답하기 어려운 경우, 목표 대답을 들려준 후 모방하도록 유도한다. 필요한 경우, 카드를 다시 보여 주고 어휘를 확인시켜 준다.

〈의문사 질문한 후 촉진 지시 예〉

"자, 질문할게. 잘 듣고 대답해 줘. 더워서 어디에 갔어?"

"응, 수영장. 수영장에 갔어."

"응, 기억이 안 나? 카드 보여 줄게. 다시 봐 봐."

이야기 산출 목표		이야기 유도 의문사 질문	아동 반응
여름이었어.	배경	더운 계절은 언제야?	
날씨가 더웠어.	계기 사건	날씨가 어땠어?	
(아빠, 엄마)*랑 (수영장)*에 갔어.	시도	더워서 어디에 갔어?	
신나게 수영했어.	결과	수영장에 가서 뭐 했어?	
너무 즐거웠어.	내적 반응	기분이 어땠어?	

- 경험 이야기 시범 보여 주기: 아동이 스스로 경험 이야기 산출이 어려운 경우, 선생님은 언어 목표를 참고하여 관련 경험 이야기를 들려준다. 들려준 후 완성된 이야기를 산출하도록 유도한다.

〈경험 이야기 시범 예〉

"응, 내가 경험했던 이야기해 줄게. 여름이야. 날씨가 더웠어. 아빠, 엄마랑 수영장에 갔어. 신나게 수영했어. 너무 즐거웠어."

"잘 들었지? 다시 한 번 이야기해 보자."

(5) 촉진 후 산출

- 촉진 후, 완성된 이야기를 다시 산출하도록 유도한다. 아동에 따라 필요한 경우, 앞의 촉진 훈련을 선택하여 반복 훈련을 한다.

〈촉진 후 산출 유도 지시 예〉

"자, 그럼 이제 이 이야기를 다른 친구한테도 한 번 들려줄 거야. '여름에 수영장 간 경험'을 길게 이야기해 줘."

유의사항

- 의미- 아동의 경험에 따라 (　　　　)의 내용은 수정할 수 있다.
- 구문- 구문 촉진 시, 아동의 언어 수준에 맞추어 수정할 수 있다.
- 아동의 경험에 따라 이야기 유도 의문사 질문은 수정할 수 있다.

아동 반응 및 중재 효과

- 자발적 산출을 통해 아동에게 이야기 산출을 유도한다. (1)에 아동의 발화를 전사한 후 산출된 이야기 문법에 '+' 표시한다.
- 촉진 후, 아동에게 다시 이야기 산출을 유도한다. (2)에 아동의 발화를 전사한 후 산출된 이야기 문법에 '+' 표시하여 촉진 효과를 확인한다.

(1) 자발 산출		(2) 촉진 후 산출	
	배경( )		배경( )
	계기 사건( )		계기 사건( )
	시도( )		시도( )
	결과( )		결과( )
	내적 반응( )		내적 반응( )

활용 사례– 만 5세 8개월(남)

- 아동은 2~3개 단어 조합 문장을 연결하여 말할 수 있으나 자신이 경험한 이야기를 조리 있게 전달하기를 어려워한다.
- 카드를 제공하였을 때 이야기에 필요한 일부 어휘를 인출하는 데 어려움이 있다.
- 카드를 제공하였을 때 어휘를 인출할 수 있으나 이야기 담화 표현 시에 해당 낱말을 인출하기 어려워하였다.
- 자발적 산출을 통해 아동에게 이야기 산출을 유도하였는데 "몰라요."라고 표현하였다. (1)에 아동의 발화를 전사하였고, 산출된 이야기 문법은 없었다.

(1) 자발 산출		(2) 촉진 후 산출	
몰라요.	배경( )		배경( )
	계기 사건( )		계기 사건( )
	시도( )		시도( )
	결과( )		결과( )
	내적 반응( )		내적 반응( )

• 우리말카드를 활용하여 어휘 촉진하기: 이야기와 관련된 우리말카드를 아동에게 보여 주고 어휘를 산출하도록 유도하였다. 그 결과, 어휘 중 '여름' '덥다' 인출에 어려움을 보였다.

이야기 산출 목표		어휘	아동 반응
여름이었어.	배경	여름 수영장 덥다 즐겁다 기타 :	여름(-) 수영장(+) 덥다(-) 즐겁다(+)
날씨가 더웠어.	계기 사건		
(아빠, 엄마)*랑 (수영장)*에 갔어.	시도		
신나게 수영했어.	결과		
너무 즐거웠어.	내적 반응		

• 의문사 질문하여 이야기 이해와 산출 돕기: 아동의 약점을 바탕으로 의문사 질문을 통해 완성된 문장 형태로 이야기 문법 산출을 확장하였다. 아동이 적절하게 대답한 경우 혹은 적절하게 대답하였지만 단답형으로 대답한 경우, 완성된 문장 형태로 다시 들려주었다.

이야기 산출 목표		이야기 유도 의문사 질문	아동 반응
여름이었어.	배경	더운 계절은 언제야?	1차: 몰라요. 2차: (선생님 모델링 후 모방) 여름이요.
날씨가 더웠어.	계기 사건	날씨가 어땠어?	1차: 더웠어요. 2차: 날씨가 더웠어요.
(아빠, 엄마)*랑 (수영장)*에 갔어.	시도	더워서 어디에 갔어?	1차: 수영장이요. 2차: 수영장에 갔어요.
신나게 수영했어.	결과	수영장에 가서 뭐 했어?	1차: 수영했어요. 2차: 재밌게 수영했어요.
너무 즐거웠어.	내적 반응	기분이 어땠어?	1차: 즐거웠어요.

• 촉진 후, 아동에게 다시 이야기 산출을 유도하였는데 "여름에 더웠어요. 그래서 수영장에 가서 수영했어요. 즐거웠어요."라고 표현하였다. (2)에 아동의 발화를 전사한 후 이야기 문법은 '배경' '계기 사건' '시도' '결과' '내적 반응'에 '+' 표시하였다.

(1) 자발 산출		(2) 촉진 후 산출	
몰라요.	배경( )	여름에	배경(+)
	계기 사건( )	더웠어요.	계기 사건(+)
	시도( )	그래서 수영장에 가서	시도(+)
	결과( )	수영했어요.	결과(+)
	내적 반응( )	즐거웠어요.	내적 반응(+)

응용하기

• 단어 응용하기: 아동의 경험에 비추어 단어를 다양하게 응용할 수 있다.

어휘	범주
아빠, 엄마	명사 2(사람) 카드 활용
수영복	명사 8(의복) 카드 활용
수영장	명사 6(여가), 명사 6(자연) 카드 활용

중재목표

03 '크리스마스에 선물 받았던 경험(가정)' 에 대해 1개의 에피소드를 갖추어 산출할 수 있다

언어 수준

- 이야기: 자신이 경험한 이야기를 조리 있게 전달하지 못하는 아동
- 의미: 담화 표현 시, 단어 인출에 어려움이 있는 아동
- 문법: 4~5개 단어 조합 이상 문장 표현이 어려운 아동(단, 적어도 2~3개 단어 조합 문장 표현 가능한 아동)
- 대화: 대화 주고받기가 2회 이상 가능한 아동

언어 목표

- 크리스마스에 선물 받았던 경험(가정)에 대해 에피소드 갖추어 산출할 수 있다.
- 언어 목표의 예시

  크리스마스였어.

  나는 (자동차 선물)*을 받고 싶었어.

  산타할아버지께 기도했어.

  산타할아버지께서 선물을 주셨어.

  너무 기뻤어.

유의사항

'언어 목표' 에서 제시된 (   )*는 아동의 경험에 따라 다른 내용으로 바뀔 수 있음을 나타낸다. ('응용하기' 참고)

사용 카드

- 명사 6(때 · 날씨): 크리스마스
- 명사 1(교통수단 외): 자동차
- 서술어 4(여가): 기도하다
- 서술어 1(정서감정어): 기쁘다

활동절차: 중재 전략 및 유의사항

(1) 이야기 카드 준비

- 이야기 산출을 위해 필요한 우리말카드를 미리 준비한다.

(2) 이야기 구조 확인

- 선생님은 아동에게 이야기 구조에 대해 이해를 시켜 준다.

〈이야기 구조 설명에 대한 예〉

"○○아, 우리 경험한 이야기를 함께 해 볼 거야. 어떠한 일이 일어났는지, 왜 그런 일이 일어났는지, 그래서 어떻게 해결했고 그다음에 어떻게 되었는지 이야기해 주는 거야."

"내가 크리스마스에 선물 받았던 이야기해 줄게. 크리스마스였어. 나는 자동차 선물을 받고 싶었어. 산타할아버지께 기도했어. 산타할아버지께서 선물을 주셨어. 너무 기뻤어."

(3) 자발 산출

- 경험 이야기 스스로 말하기: 그림을 제공하지 않고 아동에게 경험했던 이야기를 스스로 산출하도록 유도한다. 이때 아동의 발화를 전사하여 강점과 약점을 확인한다.

〈자발 산출 유도 지시 예〉

"○○아, 크리스마스에 선물 받았던 경험 있어? 겪었던 경험을 길게 이야기해 줘."

"어떤 선물을 받고 싶었는지 선물 받기 위해 어떻게 했는지, 어떻게 되었는지 이야기해 주는 거야. 자, 시작."

(4) 이야기 촉진 활동

- 미리 경험 나누기: 선생님은 미리 준비한 그림카드들을 바닥에 펼쳐 보여 주면서 아동에게 '크리스마스에 선물 받았던 경험'이 있는지를 물어본다.
- 우리말카드를 활용하여 어휘 촉진하기: 이야기와 관련된 우리말카드를 아동에게 보여 주고 어휘를 산출하도록 유도한다. 어휘 산출이 어려운 경우, 어휘를 경험과 연결하여 알려 주고 목표 어휘를 알려 준다.

이야기 산출 목표		어휘	아동 반응
크리스마스였어.	배경	크리스마스 자동차 기도하다 기쁘다 기타:	
나는 (자동차 선물)*을 받고 싶었어.	계기 사건		
산타할아버지께 기도했어.	시도		
산타할아버지께서 선물을 주셨어.	결과		
너무 기뻤어.	내적 반응		

- 의문사 질문하여 이야기 이해와 산출 돕기: 아동의 약점을 바탕으로 의문사 질문을 통해 완성된 문장 형태로 이야기 문법 산출을 확장한다. 아동이 적절하게 대답한 경우 혹은 적절하게 대답하였지만 단답형으로 대답한 경우, 완성된 문장 형태로 다시 들려준다. 적절하게 대답하기 어려운 경우, 목표 대답을 들려준 후 모방하도록 유도한다. 필요한 경우, 카드를 다시 보여 주고 어휘를 확인시켜 준다.

〈의문사 질문한 후 촉진 지시 예〉

"자, 질문할게. 잘 듣고 대답해 줘. 산타할아버지께 무엇을 받고 싶었어?"

"응, 자동차 선물. 자동차 선물을 받고 싶었어."

"응, 기억이 안 나? 카드 보여 줄게. 다시 봐 봐."

이야기 산출 목표		이야기 유도 의문사 질문	아동 반응
크리스마스였어.	배경	언제야?	
나는 (자동차 선물)*을 받고 싶었어.	계기 사건	무엇을 받고 싶었어?	
산타할아버지께 기도했어.	시도	산타할아버지께 어떻게 했어?	
산타할아버지께서 선물을 주셨어.	결과	산타할아버지께서 어떻게 해 주셨어?	
너무 기뻤어.	내적 반응	선물을 받고 기분이 어땠어?	

• 경험 이야기 시범 보여 주기: 아동이 스스로 경험 이야기 산출이 어려운 경우, 선생님은 언어 목표를 참고하여 관련 경험 이야기를 들려준다. 들려준 후 완성된 이야기를 산출하도록 유도한다.

〈경험 이야기 시범 예〉

"응, 내가 경험했던 이야기해 줄게. 크리스마스였어. 나는 자동차 선물을 받고 싶었어. 산타할아버지께 기도했어. 산타할아버지께서 선물을 사 주셨어. 너무 기뻤어."

"잘 들었지? 다시 한 번 이야기해 보자."

(5) 촉진 후 산출

• 촉진 후, 완성된 이야기를 다시 산출하도록 유도한다. 아동에 따라 필요한 경우, 앞의 촉진 훈련을 선택하여 반복 훈련을 한다.

〈촉진 후 산출 유도 지시 예〉

"자, 그럼 이제 이 이야기를 다른 친구한테도 한 번 들려줄 거야. '크리스마스에 선물 받았던 경험'을 길게 이야기해 줘."

유의사항

- 의미– 아동의 경험에 따라 (　　　　　)의 내용은 수정할 수 있다.
- 구문– 구문 촉진 시, 아동의 언어 수준에 맞추어 수정할 수 있다.
- 아동의 경험에 따라 이야기 유도 의문사 질문은 수정할 수 있다.

아동 반응 및 중재 효과

- 자발적 산출을 통해 아동에게 이야기 산출을 유도한다. (1)에 아동의 발화를 전사한 후 산출된 이야기 문법에 '+' 표시한다.
- 촉진 후, 아동에게 다시 이야기 산출을 유도한다. (2)에 아동의 발화를 전사한 후 산출된 이야기 문법에 '+' 표시하여 촉진 효과를 확인한다.

(1) 자발 산출		(2) 촉진 후 산출	
	배경( )		배경( )
	계기 사건( )		계기 사건( )
	시도( )		시도( )
	결과( )		결과( )
	내적 반응( )		내적 반응( )

활용 사례– 만 6세 7개월(남)

- 아동은 3~4개 단어 조합 문장을 연결하여 말할 수 있으나 자신이 경험한 이야기를 조리 있게 전달하기를 어려워한다.
- 카드를 제공하였을 때 이야기에 필요한 일부 어휘를 인출하는 데 어려움이 있다.
- 카드를 제공하였을 때 어휘를 인출할 수 있으나 이야기 담화 표현 시에 해당 낱말을 인출하기 어려워하였다.
- 자발적 산출을 통해 아동에게 이야기 산출을 유도하였는데 "크리스마스에 인형 선물 받았어요. 좋았어요."라고 표현하였다. (1)에 아동의 발화를 전사한 후 이야기 문법은 '배경' '결과' '내적 반응'에 '+' 표시하였다.

(1) 자발 산출		(2) 촉진 후 산출	
크리스마스에	배경(+)		배경( )
	계기 사건( )		계기 사건( )
	시도( )		시도( )
인형 선물 받았어요.	결과(+)		결과( )
좋았어요.	내적 반응(+)		내적 반응( )

• 우리말카드를 활용하여 어휘 촉진하기: 이야기와 관련된 우리말카드를 아동에게 보여 주고 어휘를 산출하도록 유도하였다. 그 결과, 어휘 중 '기도하다' 인출에 어려움을 보였다.

이야기 산출 목표		어휘	아동 반응
크리스마스였어.	배경	크리스마스 자동차 기도하다 기쁘다 기타 :	크리스마스(+) 기도하다(-) 기타: 인형(+), 좋다(+)
나는 (자동차 선물)*을 받고 싶었어.	계기 사건		
산타할아버지께 기도했어.	시도		
산타할아버지께서 선물을 주셨어.	결과		
너무 기뻤어.	내적 반응		

• 의문사 질문하여 이야기 이해와 산출 돕기: 아동의 약점을 바탕으로 의문사 질문을 통해 완성된 문장 형태로 이야기 문법 산출을 확장하였다. 아동이 적절하게 대답한 경우 혹은 적절하게 대답하였지만 단답형으로 대답한 경우, 완성된 문장 형태로 다시 들려주었다.

이야기 산출 목표		이야기 유도 의문사 질문	아동 반응
크리스마스였어.	배경	언제야?	1차: 크리스마스요.
나는 (자동차 선물)*을 받고 싶었어.	계기 사건	무엇을 받고 싶었어?	1차: 인형이요. 2차: 인형 받고 싶었어요.
산타할아버지께 기도했어.	시도	산타할아버지께 어떻게 했어?	1차: 산타할아버지한테 기도했어요.
산타할아버지께서 선물을 주셨어.	결과	산타할아버지께서 어떻게 해 주셨어?	1차: 인형 받았어요.
너무 기뻤어.	내적 반응	선물을 받고 기분이 어땠어?	1차: 좋았어요.

• 촉진 후, 아동에게 다시 이야기 산출을 유도하였는데 "크리스마스에 인형 받고 싶었어요. 산타할아버지께 기도했어요. 인형 받았어요. 너무 좋았어요."라고 표현하였다. (2)에 아동의 발화를 전사한 후 이야기 문법은 '배경' '계기 사건' '시도' '결과' '내적 반응'에 '+' 표시하였다.

(1) 자발 산출		(2) 촉진 후 산출	
크리스마스에	배경(+)	크리스마스에	배경(+)
	계기 사건( )	인형 받고 싶었어요.	계기 사건(+)
	시도( )	산타할아버지께 기도했어요.	시도(+)
인형 선물 받았어요.	결과(+)	인형 받았어요.	결과(+)
좋았어요.	내적 반응(+)	너무 좋았어요.	내적 반응(+)

응용하기

• 단어 응용하기: 아동의 경험에 비추어 단어를 다양하게 응용할 수 있다.

어휘	범주
자동차 선물	명사 1, 명사 5, 명사 8 카드 활용

'물건을 사겠다고 떼 쓴 경험(마트)' 에 대해 1개의 에피소드를 갖추어 산출할 수 있다

언어 수준

- 이야기: 자신이 경험한 이야기를 조리 있게 전달하지 못하는 아동
- 의미: 담화 표현 시, 단어 인출에 어려움이 있는 아동
- 문법: 4~5개 단어 조합 이상 문장 표현이 어려운 아동(단, 적어도 2~3개 단어 조합 문장 표현 가능한 아동)
- 대화: 대화 주고받기가 2회 이상 가능한 아동

언어 목표

- 물건을 사겠다고 떼 쓴 경험(마트)에 대해 에피소드를 갖추어 산출할 수 있다.
- 언어 목표의 예시

  나는 (엄마)*랑 마트에 갔어.

  엄마께서 (사탕)*을 안 사 준다고 하셨어.

  그래서 나는 사 달라고 졸랐어.

  결국 엄마한테 혼났어.

유의사항

'언어 목표'에서 제시된 (　　　　　)*는 아동의 경험에 따라 다른 내용으로 바뀔 수 있음을 나타낸다. ('응용하기' 참고)

사용 카드

- 명사 6(상점 및 편의시설): 마트
- 서술어 5(마트): 사다, 조르다
- 서술어 2(쉬는 시간): 혼나다

활동절차: 중재 전략 및 유의사항

(1) 이야기 카드 준비

- 이야기 산출을 위해 필요한 우리말카드를 미리 준비한다.

(2) 이야기 구조 확인

- 선생님은 아동에게 이야기 구조에 대해 이해를 시켜 준다.

〈이야기 구조 설명에 대한 예〉

"○○아, 우리 경험한 이야기를 함께 해 볼 거야. 어떠한 일이 일어났는지, 왜 그런 일이 일어났는지, 그래서 어떻게 해결했고 그다음에 어떻게 되었는지 이야기해 주는 거야."

"내가 엄마한테 떼 썼던 이야기해 줄게. 나는 엄마랑 마트에 갔어. 엄마께서 사탕을 안 사 준다고 하셨어. 그래서 나는 사 달라고 졸랐어. 결국 엄마한테 혼났어."

(3) 자발 산출

- 경험 이야기 스스로 말하기: 그림을 제공하지 않고 아동에게 경험했던 이야기를 스스로 산출하도록 유도한다. 이때 아동의 발화를 전사하여 강점과 약점을 확인한다.

〈자발 산출 유도 지시 예〉

"○○아, 물건을 사겠다고 떼 쓴 경험 있어? 그럼 겪었던 경험을 길게 이야기해 줘."

"누구랑 마트에 갔는지, 무엇을 사 달라고 떼썼는지 그래서 어떻게 되었는지 이야기 해주는 거야. 자, 시작."

(4) 이야기 촉진 활동

• 미리 경험 나누기: 선생님은 미리 준비한 그림카드들을 바닥에 펼쳐 보여 주면서 아동에게 '물건을 사겠다고 떼 쓴 경험'이 있는지를 물어본다.

• 우리말카드를 활용하여 어휘 촉진하기: 이야기와 관련된 우리말카드를 아동에게 보여 주고 어휘를 산출하도록 유도한다. 어휘 산출이 어려운 경우, 어휘를 경험과 연결하여 알려 주고 목표 어휘를 알려 준다.

이야기 산출 목표		어휘	아동 반응
나는 (엄마)*랑 마트에 갔어.	배경	마트 사다 조르다 혼나다 기타:	
엄마께서 (사탕)*을 안 사 준다고 하셨어.	계기 사건		
그래서 나는 사 달라고 졸랐어.	시도		
결국 엄마한테 혼났어.	결과		
–	내적 반응	–	–

• 의문사 질문하여 이야기 이해와 산출 돕기: 아동의 약점을 바탕으로 의문사 질문을 통해 완성된 문장 형태로 이야기 문법 산출을 확장한다. 아동이 적절하게 대답한 경우 혹은 적절하게 대답하였지만 단답형으로 대답한 경우, 완성된 문장 형태로 다시 들려준다. 적절하게 대답하기 어려운 경우, 목표 대답을 들려준 후 모방하도록 유도한다. 필요한 경우, 카드를 다시 보여 주고 어휘를 확인시켜 준다.

〈의문사 질문한 후 촉진 지시 예〉

"자, 질문할게. 잘 듣고 대답해 줘. 엄마가 안 사 주신다고 해서 어떻게 했어?"

"응, 졸랐어. 사 달라고 졸랐어."

"응, 기억이 안 나? 카드 보여 줄게. 다시 봐 봐."

이야기 산출 목표		이야기 유도 의문사 질문	아동 반응
나는 (엄마)*랑 마트에 갔어.	배경	어디에 갔어?	
엄마께서 (사탕)*을 안 사 준다고 하셨어.	계기 사건	뭐 안 사 준다고 하셨어?	
그래서 나는 사 달라고 졸랐어.	시도	엄마가 안 사 주신다고 해서 어떻게 했어?	
결국 엄마한테 혼났어.	결과	결국 어떻게 됐어?	
–	내적 반응	–	–

- 경험 이야기 시범 보여 주기: 아동이 스스로 경험 이야기 산출이 어려운 경우, 선생님은 언어 목표를 참고하여 관련 경험 이야기를 들려준다. 들려준 후 완성된 이야기를 산출하도록 유도한다.

〈경험 이야기 시범 예〉

"응, 내가 경험했던 이야기해 줄게. 나는 엄마랑 마트에 갔어. 엄마께서 사탕을 안 사 준다고 하셨어. 그래서 나는 사 달라고 졸랐어. 결국 엄마한테 혼났어."

"잘 들었지? 다시 한 번 이야기해 보자."

(5) 촉진 후 산출

- 촉진 후, 완성된 이야기를 다시 산출하도록 유도한다. 아동에 따라 필요한 경우, 앞의 촉진 훈련을 선택하여 반복 훈련을 한다.

〈촉진 후 산출 유도 지시 예〉

"자, 그럼 이제 이 이야기를 다른 친구한테도 한 번 들려줄 거야. '물건을 사겠다고 떼 쓴 경험'을 길게 이야기해 줘."

유의사항

- 의미- 아동의 경험에 따라 (   )의 내용은 수정할 수 있다.
- 구문- 구문 촉진 시, 아동의 언어 수준에 맞추어 수정할 수 있다.
- 아동의 경험에 따라 이야기 유도 의문사 질문은 수정할 수 있다.

아동 반응 및 중재 효과

- 자발적 산출을 통해 아동에게 이야기 산출을 유도한다. (1)에 아동의 발화를 전사한 후 산출된 이야기 문법에 '+' 표시한다.
- 촉진 후, 아동에게 다시 이야기 산출을 유도한다. (2)에 아동의 발화를 전사한 후 산출된 이야기 문법에 '+' 표시하여 촉진 효과를 확인한다.

(1) 자발 산출		(2) 촉진 후 산출	
	배경( )		배경( )
	계기 사건( )		계기 사건( )
	시도( )		시도( )
	결과( )		결과( )
	내적 반응( )		내적 반응( )

활용 사례- 만 5세 11개월(여)

- 2~3개 단어 조합 문장을 연결하여 말할 수 있으나 자신이 경험한 이야기를 조리 있게 전달하기를 어려워한다.
- 카드를 제공하였을 때 이야기에 필요한 일부 어휘를 인출하는 데 어려움이 있다.
- 카드를 제공하였을 때 어휘를 인출할 수 있으나 이야기 담화 표현 시에 해당 낱말을 인출하기 어려워하였다.
- 자발적 산출을 통해 아동에게 이야기 산출을 유도하였는데 "마트에 갔어. 혼났어."라고 표현하였다. (1)에 아동의 발화를 전사한 후 이야기 문법은 '배경' '결과'에 '+' 표시하였다.

(1) 자발 산출		(2) 촉진 후 산출	
마트에 갔어.	배경(+)		배경( )
	계기 사건( )		계기 사건( )
	시도( )		시도( )
혼났어.	결과(+)		결과( )
–	내적 반응( )	–	내적 반응( )

• 우리말카드를 활용하여 어휘 촉진하기: 이야기와 관련된 우리말카드를 아동에게 보여 주고 어휘를 산출하도록 유도하였다. 그 결과, 어휘 중 '조르다' 인출에 어려움을 보였다.

이야기 산출 목표		어휘	아동 반응
나는 (엄마)*랑 마트에 갔어.	배경	마트 사다 조르다 혼나다 기타:	마트(+) 사다(+) 조르다(-) 혼나다(+)
엄마께서 (사탕)*을 안 사 준다고 하셨어.	계기 사건		
그래서 나는 사 달라고 졸랐어.	시도		
결국 엄마한테 혼났어.	결과		
–	내적 반응	–	–

• 의문사 질문하여 이야기 이해와 산출 돕기: 아동의 약점을 바탕으로 의문사 질문을 통해 완성된 문장 형태로 이야기 문법 산출을 확장하였다. 아동이 적절하게 대답한 경우 혹은 적절하게 대답하였지만 단답형으로 대답한 경우, 완성된 문장 형태로 다시 들려주었다.

이야기 산출 목표		이야기 유도 의문사 질문	아동 반응
나는 (엄마)*랑 마트에 갔어.	배경	어디에 갔어?	1차: 마트에 갔어요. 2차: 할머니랑 마트에 갔어요.
엄마께서 (사탕)*을 안 사 준다고 하셨어.	계기 사건	뭐 안 사 준다고 하셨어?	1차: 장난감 안 사 줬어요. 2차: 할머니가 장난감 안 사 줬어요.
그래서 나는 사 달라고 졸랐어.	시도	엄마가 안 사 주신다고 해서 어떻게 했어?	1차: 사 달라고 했어요. 2차: 몰라요. 3차: 사 달라고 졸랐어요.

결국 엄마한테 혼났어.	결과	결국 어떻게 됐어?	1차: 혼났어요. 2차: 할머니한테 혼났어요.
–	내적 반응	–	–

• 촉진 후, 아동에게 다시 이야기 산출을 유도하였는데 "할머니랑 마트에 갔어요. 할머니가 장난감 안 사준대요. 할머니한테 혼났어요."라고 표현하였다. (2)에 아동의 발화를 전사한 후 이야기 문법은 '배경' '계기 사건' '결과'에 '+' 표시하였다. 이후 이야기 이해 질문을 통해 '시도'를 다시 유도하였다.

(1) 자발 산출		(2) 촉진 후 산출	
마트에 갔어.	배경(+)	할머니랑 마트에 갔어요.	배경(+)
	계기 사건( )	할머니가 장난감 안 사 준대요.	계기 사건(+)
	시도( )		시도( )
혼났어.	결과(+)	할머니한테 혼났어요.	결과(+)
–	내적 반응( )	–	내적 반응( )

응용하기

• 단어 응용하기: 아동의 경험에 비추어 단어를 다양하게 응용할 수 있다.

어휘	범주
엄마	명사 2(사람) 카드 활용
사탕	명사 9(음식), 명사 5, 명사 1 카드 활용

• 다음 에피소드 연결해서 말해 보기

"물건을 사겠다고 떼 쓴 이후 어떻게 되었는지 이야기해 볼까?"

중재목표

'뜨거운 것을 만졌던 경험(가정)' 에 대해 1개의 에피소드를 갖추어 산출할 수 있다

언어 수준

- 이야기: 자신이 경험한 이야기를 조리 있게 전달하지 못하는 아동
- 의미: 담화 표현 시, 단어 인출에 어려움이 있는 아동
- 문법: 4~5개 단어 조합 이상 문장 표현이 어려운 아동(단, 적어도 2~3개 단어 조합 문장 표현 가능한 아동)
- 대화: 대화 주고받기가 2회 이상 가능한 아동

언어 목표

- 뜨거운 것을 만졌던 경험(가정)에 대해 에피소드를 갖추어 산출할 수 있다.
- 언어 목표의 예시

  (코코아)*가 먹고 싶었어.

  물을 끓였어.

  컵에 코코아를 넣고 물을 부었어.

  뜨거운 물을 흘려서 (손)*을 데였어.

  뜨거워서 아팠어.

유의사항

'언어 목표' 에서 제시된 ( )*는 아동의 경험에 따라 다른 내용으로 바뀔 수 있음을 나타낸다.('응용하기' 참고)

사용 카드

- 명사 9(음식): 코코아
- 명사 8(신체부위): 손
- 서술어 1(반대말): 뜨겁다
- 서술어 3(요리): 붓다

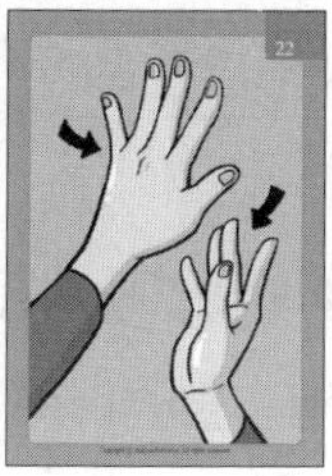

활동절차: 중재 전략 및 유의사항

(1) 이야기 카드 준비

- 이야기 산출을 위해 필요한 우리말카드를 미리 준비한다.

(2) 이야기 구조 확인

- 선생님은 아동에게 이야기 구조에 대해 이해를 시켜 준다.

〈이야기 구조 설명에 대한 예〉

"○○아, 우리 경험한 이야기를 함께 해 볼 거야. 어떠한 일이 일어났는지, 왜 그런 일이 일어났는지, 그래서 어떻게 해결했고 그다음에 어떻게 되었는지 이야기해 주는 거야."

"내가 손 데인 경험 이야기해 줄게. 코코아가 먹고 싶었어. 물을 끓였어. 컵에 코코아를 넣고 물을 부었어. 뜨거운 물을 흘려서 손을 데었어. 뜨거워서 아팠어."

(3) 자발 산출

- 경험 이야기 스스로 말하기: 그림을 제공하지 않고 아동에게 경험했던 이야기를 스스로 산출하도록 유도한다. 이때 아동의 발화를 전사하여 강점과 약점을 확인한다.

〈자발 산출 유도 지시 예〉

"○○아, 뜨거운 것을 만졌던 경험 있어? 그럼 겪었던 경험을 길게 이야기해 줘."

"무엇을 먹었고, 먹기 위해서 어떻게 했고, 왜 손을 데었는지에 대해 이야기해 주는 거야. 자, 시작."

(4) 이야기 촉진 활동

• 미리 경험 나누기: 선생님은 미리 준비한 그림카드들을 바닥에 펼쳐 보여 주면서 아동에게 '뜨거운 것을 만졌던 경험'이 있는지를 물어본다.

• 우리말카드를 활용하여 어휘 촉진하기: 이야기와 관련된 우리말카드를 아동에게 보여 주고 어휘를 산출하도록 유도한다. 어휘 산출이 어려운 경우, 어휘를 경험과 연결하여 알려 주고 목표 어휘를 알려 준다.

이야기 산출 목표		어휘	아동 반응
(코코아)*가 먹고 싶었어.	배경	코코아 붓다 손 뜨겁다 기타:	
물을 끓였어.	계기 사건		
컵에 코코아를 넣고 물을 부었어.	시도		
뜨거운 물을 흘려서 (손)*을 데었어.	결과		
뜨거워서 아팠어.	내적 반응		

• 의문사 질문하여 이야기 이해와 산출 돕기: 아동의 약점을 바탕으로 의문사 질문을 통해 완성된 문장 형태로 이야기 문법 산출을 확장한다. 아동이 적절하게 대답한 경우 혹은 적절하게 대답하였지만 단답형으로 대답한 경우, 완성된 문장 형태로 다시 들려준다. 적절하게 대답하기 어려운 경우, 목표 대답을 들려준 후 모방하도록 유도한다. 필요한 경우, 카드를 다시 보여 주고 어휘를 확인시켜 준다.

〈의문사 질문한 후 촉진 지시 예〉

"자, 질문할게. 잘 듣고 대답해 줘. 뜨거운 물 때문에 손이 어떻게 됐어?

"응, 데었어. 뜨거운 물을 흘려서 손 데었어."

"응, 기억이 안 나? 카드 보여 줄게. 다시 봐 봐."

이야기 산출 목표		이야기 유도 의문사 질문	아동 반응
(코코아)*가 먹고 싶었어.	배경	뭐 먹고 싶었어?	
물을 끓였어.	계기 사건	코코아 먹고 싶어서 어떻게 했어?	
컵에 코코아를 넣고 물을 부었어.	시도	코코아 넣고 어떻게 했어?	
뜨거운 물을 흘려서 (손)*을 데었어.	결과	뜨거운 물 때문에 어떻게 됐어?	
뜨거워서 아팠어.	내적 반응	뜨거워서 어땠어?	

- 경험 이야기 시범 보여 주기: 아동이 스스로 경험 이야기 산출이 어려운 경우, 선생님은 언어 목표를 참고하여 관련 경험 이야기를 들려준다. 들려준 후 완성된 이야기를 산출하도록 유도한다.

〈경험 이야기 시범 예〉

"응, 내가 경험했던 이야기해 줄게. 코코아가 먹고 싶었어. 물을 끓였어. 컵에 코코아를 넣고 물을 부었어. 뜨거운 물을 흘려서 손을 데었어. 뜨거워서 아팠어."

"잘 들었지? 다시 한 번 이야기해 보자."

(5) 촉진 후 산출

- 촉진 후, 완성된 이야기를 다시 산출하도록 유도한다. 아동에 따라 필요한 경우, 앞의 촉진 훈련을 선택하여 반복 훈련을 한다.

〈촉진 후 산출 유도 지시 예〉

"자, 그럼 이제 이 이야기를 다른 친구한테도 한 번 들려줄 거야. '뜨거운 것을 만졌던 경험'을 길게 이야기해 줘."

유의사항

- 의미- 아동의 경험에 따라 (   )의 내용은 수정할 수 있다.
- 구문- 구문 촉진 시, 아동의 언어 수준에 맞추어 수정할 수 있다.
- 아동의 경험에 따라 이야기 유도 의문사 질문은 수정할 수 있다.

아동 반응 및 중재 효과

- 자발적 산출을 통해 아동에게 이야기 산출을 유도한다. (1)에 아동의 발화를 전사한 후 산출된 이야기 문법에 '+' 표시한다.
- 촉진 후, 아동에게 다시 이야기 산출을 유도한다. (2)에 아동의 발화를 전사한 후 산출된 이야기 문법에 '+' 표시하여 촉진 효과를 확인한다.

(1) 자발 산출		(2) 촉진 후 산출	
	배경( )		배경( )
	계기 사건( )		계기 사건( )
	시도( )		시도( )
	결과( )		결과( )
	내적 반응( )		내적 반응( )

활용 사례- 만 6세 2개월(남)

- 아동은 3~4개 단어 조합 문장을 연결하여 말할 수 있으나 자신이 경험한 이야기를 조리 있게 전달하기를 어려워한다.
- 카드를 제공하였을 때 이야기에 필요한 일부 어휘를 인출하는 데 어려움이 있다.
- 카드를 제공하였을 때 어휘를 인출할 수 있으나 이야기 담화 표현 시에 해당 낱말을 인출하기 어려워하였다.
- 자발적 산출을 통해 아동에게 이야기 산출을 유도하였는데 "코코아 먹다가 아팠어요."라고 표현하였다. (1)에 아동의 발화를 전사한 후 이야기 문법은 '배경' '내적 반응'에 '+' 표시하였다.

(1) 자발 산출		(2) 촉진 후 산출	
코코아 먹다가	배경(+)		배경( )
	계기 사건( )		계기 사건( )
	시도( )		시도( )
	결과( )		결과( )
아팠어요.	내적 반응(+)		내적 반응( )

• 우리말카드를 활용하여 어휘 촉진하기: 이야기와 관련된 우리말카드를 아동에게 보여 주고 어휘를 산출하도록 유도하였다. 그 결과, 어휘 중 '붓다' '데었어' 인출에 어려움을 보였다.

이야기 산출 목표		어휘	아동 반응
(코코아)*가 먹고 싶었어.	배경	코코아	코코아(+)
물을 끓였어.	계기 사건	붓다	붓다(-)
컵에 코코아를 넣고 물을 부었어.	시도	손	손(+)
뜨거운 물을 흘려서 (손)*을 데었어.	결과	뜨겁다	뜨겁다(+)
뜨거워서 아팠어.	내적 반응	기타:	기타: 데었어(-)

• 의문사 질문하여 이야기 이해와 산출 돕기: 아동의 약점을 바탕으로 의문사 질문을 통해 완성된 문장 형태로 이야기 문법 산출을 확장하였다. 아동이 적절하게 대답한 경우 혹은 적절하게 대답하였지만 단답형으로 대답한 경우, 완성된 문장 형태로 다시 들려주었다.

이야기 산출 목표		이야기 유도 의문사 질문	아동 반응
(코코아)*가 먹고 싶었어.	배경	뭐 먹고 싶었어?	1차: 코코아요. 2차: 코코아 먹고 싶었어요.
물을 끓였어.	계기 사건	코코아 먹고 싶어서 어떻게 했어?	1차: 물 끓였어요.
컵에 코코아를 넣고 물을 부었어.	시도	코코아 넣고 어떻게 했어?	1차: 몰라요. 2차: 뜨거운 물 부었어요.
뜨거운 물을 흘려서 (손)*을 데었어.	결과	뜨거운 물을 흘려서 어떻게 됐어?	1차: 뜨거웠어요. 2차: 손을 데었어요.
뜨거워서 아팠어.	내적 반응	뜨거워서 어땠어?	1차: 아팠어요.

• 촉진 후, 아동에게 다시 이야기 산출을 유도하였는데 "코코아 먹고 싶어서 물 끓였어요. 몰라요. 아… 뜨거워서 데었어요. 너무 아팠어요."라고 표현하였다. (2)에 아동의 발화를 전사한 후 이야기 문법은 '배경' '계기 사건' '결과' '내적 반응'에 '+' 표시하였다. 이후 이야기 이해 질문을 통해 '시도'를 다시 유도하였다.

(1) 자발 산출		(2) 촉진 후 산출	
코코아 먹다가	배경(+)	코코아 먹고 싶어서	배경(+)
	계기 사건( )	물 끓였어요. 몰라요.	계기 사건(+)
	시도( )		시도( )
	결과( )	뜨거워서 데었어요.	결과(+)
아팠어요.	내적 반응(+)	너무 아팠어요.	내적 반응(+)

응용하기

• 단어 응용하기: 아동의 경험에 비추어 단어를 다양하게 응용할 수 있다.

어휘	범주
코코아	명사 9(음식) 카드 활용
손	명사 8(신체부위) 카드 활용

• 다음 에피소드 연결해서 말해 보기

"손 데인 이후 어떻게 되었는지 이야기해 볼까?"

중재목표

06 '친구와 싸운 경험(유치원)' 에 대해 1개의 에피소드를 갖추어 산출할 수 있다

언어 수준

- 이야기: 자신이 경험한 이야기를 조리 있게 전달하지 못하는 아동
- 의미: 담화 표현 시, 단어 인출에 어려움이 있는 아동
- 문법: 4~5개 단어 조합 이상 문장 표현이 어려운 아동(단, 적어도 2~3개 단어 조합 문장 표현 가능한 아동)
- 대화: 대화 주고받기가 2회 이상 가능한 아동

언어 목표

- '친구와 싸움 경험(유치원)'에 대해 에피소드를 갖추어 산출할 수 있다.
- 언어 목표의 예시

  친구랑 놀고 있었어.

  친구랑 (유치원)*에서 싸웠어.

  (다른 친구들)*이 말렸어.

  결국 친구랑 화해했어.

  친구한테 미안했어.

유의사항

'언어 목표' 에서 제시된 ( )*는 아동의 경험에 따라 다른 내용으로 바뀔 수 있음을 나타낸다. ('응용하기' 참고)

사용 카드

- 명사 6(공공장소): 유치원
- 서술어 2(쉬는 시간): 싸우다, 말리다, 화해하다
- 서술어 1(정서감정어): 미안하다

활동절차: 중재 전략 및 유의사항

(1) 이야기 카드 준비

- 이야기 산출을 위해 필요한 우리말카드를 미리 준비한다.

(2) 이야기 구조 확인

- 선생님은 아동에게 이야기 구조에 대해 이해를 시켜 준다.

〈이야기 구조 설명에 대한 예〉

"○○아, 우리 경험한 이야기를 함께 해 볼 거야. 어떠한 일이 일어났는지, 왜 그런 일이 일어났는지, 그래서 어떻게 해결했고 그다음에 어떻게 되었는지 이야기해 주는 거야."

"내가 친구와 싸운 경험 이야기해 줄게. 친구랑 놀고 있었어. 친구랑 유치원에서 싸웠어. 다른 친구들이 말렸어. 결국 친구랑 화해했어. 친구한테 미안했어."

(3) 자발 산출

- 경험 이야기 스스로 말하기: 그림을 제공하지 않고 아동에게 경험했던 이야기를 스스로 산

출하도록 유도한다. 이때 아동의 발화를 전사하여 강점과 약점을 확인한다.

〈자발 산출 유도 지시 예〉

"○○아, 친구와 싸운 경험 있어? 그럼 겪었던 경험을 길게 이야기해 줘."

"왜 싸웠고 어떻게 했는지, 어떻게 되었는지 이야기해 주는 거야."

(4) 이야기 촉진 활동

- 미리 경험 나누기: 선생님은 미리 준비한 그림카드들을 바닥에 펼쳐 보여 주면서 아동에게 '친구와 싸운 경험'이 있는지를 물어본다.
- 우리말카드를 활용하여 어휘 촉진하기: 이야기와 관련된 우리말카드를 아동에게 보여 주고 어휘를 산출하도록 유도한다. 어휘 산출이 어려운 경우, 어휘를 경험과 연결하여 알려 주고 목표 어휘를 알려 준다.

<table>
<tr><th colspan="2">이야기 산출 목표</th><th>어휘</th><th>아동 반응</th></tr>
<tr><td>친구랑 놀고 있었어.</td><td>배경</td><td rowspan="5">유치원
싸우다
말리다
화해하다
미안하다
기타:</td><td rowspan="5"></td></tr>
<tr><td>친구랑 (유치원)*에서 싸웠어.</td><td>계기 사건</td></tr>
<tr><td>(다른 친구들)*이 말렸어.</td><td>시도</td></tr>
<tr><td>결국 친구랑 화해했어.</td><td>결과</td></tr>
<tr><td>친구한테 미안했어.</td><td>내적 반응</td></tr>
</table>

- 의문사 질문하여 이야기 이해와 산출 돕기: 아동의 약점을 바탕으로 의문사 질문을 통해 완성된 문장 형태로 이야기 문법 산출을 확장한다. 아동이 적절하게 대답한 경우 혹은 적절하게 대답하였지만 단답형으로 대답한 경우, 완성된 문장 형태로 다시 들려준다. 적절하게 대답하기 어려운 경우, 목표 대답을 들려준 후 모방하도록 유도한다. 필요한 경우, 카드를 다시 보여 주고 어휘를 확인시켜 준다.

〈의문사 질문한 후 촉진 지시 예〉

"자, 질문할게. 잘 듣고 대답해 줘. 친구랑 어디에서 싸웠어?"

"응, 유치원. 친구랑 유치원에서 싸웠어."

"응, 기억이 안 나? 카드 보여 줄게. 다시 봐 봐."

이야기 산출 목표		이야기 유도 의문사 질문	아동 반응
친구랑 놀고 있었어.	배경	누구랑 놀고 있었어?	
친구랑 (유치원)*에서 싸웠어.	계기 사건	친구랑 어디에서 싸웠어?	
(다른 친구들)*이 말렸어.	시도	다른 친구들이 어떻게 했어?	
결국 친구랑 화해했어.	결과	결국 친구랑 어떻게 됐어?	
친구한테 미안했어.	내적 반응	친구한테 어떤 마음이 들었어?	

- 경험 이야기 시범 보여 주기: 아동이 스스로 경험 이야기 산출이 어려운 경우, 선생님은 언어 목표를 참고하여 관련 경험 이야기를 들려준다. 들려준 후 완성된 이야기를 산출하도록 유도한다.

〈경험 이야기 시범 예〉

"응, 내가 경험했던 이야기해 줄게. 친구랑 놀고 있었어. 친구랑 유치원에서 싸웠어. 다른 친구들이 말렸어. 결국 친구랑 화해했어. 친구한테 미안했어."

"잘 들었지? 다시 한 번 이야기해 보자."

(5) 촉진 후 산출

- 촉진 후, 완성된 이야기를 다시 산출하도록 유도한다. 아동에 따라 필요한 경우, 앞의 촉진 훈련을 선택하여 반복 훈련을 한다.

〈촉진 후 산출 유도 지시 예〉

"자, 그럼 이제 이 이야기를 다른 친구한테도 한 번 들려줄 거야. '친구와 싸웠던 경험'을 길게 이야기해 줘."

유의사항

- 의미- 아동의 경험에 따라 (　　　　)의 내용은 수정할 수 있다.
- 구문- 구문 촉진 시, 아동의 언어 수준에 맞추어 수정할 수 있다.
- 아동의 경험에 따라 이야기 유도 의문사 질문은 수정할 수 있다.

아동 반응 및 중재 효과

- 자발적 산출을 통해 아동에게 이야기 산출을 유도한다. (1)에 아동의 발화를 전사한 후 산출된 이야기 문법에 '+' 표시한다.
- 촉진 후, 아동에게 다시 이야기 산출을 유도한다. (2)에 아동의 발화를 전사한 후 산출된 이야기 문법에 '+' 표시하여 촉진 효과를 확인한다.

(1) 자발 산출		(2) 촉진 후 산출	
	배경( )		배경( )
	계기 사건( )		계기 사건( )
	시도( )		시도( )
	결과( )		결과( )
	내적 반응( )		내적 반응( )

활용 사례- 만 5세 10개월(여)

- 아동은 3~4개 단어 조합 문장을 연결하여 말할 수 있으나 자신이 경험한 이야기를 조리 있게 전달하기를 어려워한다.
- 카드를 제공하였을 때 이야기에 필요한 일부 어휘를 인출하는 데 어려움이 있다.
- 카드를 제공하였을 때 어휘를 인출할 수 있으나 이야기 담화 표현 시에 해당 낱말을 인출하기 어려워하였다.
- 자발적 산출을 통해 아동에게 이야기 산출을 유도하였는데 "친구랑 인형 놀이 하다가 싸웠어요. 미안했어요."라고 표현하였다. (1)에 아동의 발화를 전사한 후 이야기 문법은 '배경' '계기 사건' '내적 반응'에 '+' 표시하였다.

(1) 자발 산출		(2) 촉진 후 산출	
친구랑 인형 놀이하다가	배경(+)		배경( )
싸웠어요.	계기 사건(+)		계기 사건( )
	시도( )		시도( )
	결과( )		결과( )
미안했어요.	내적 반응(+)		내적 반응( )

• 우리말카드를 활용하여 어휘 촉진하기: 이야기와 관련된 우리말카드를 아동에게 보여 주고 어휘를 산출하도록 유도하였다. 그 결과, 어휘 중 '말리다' '화해하다' 인출에 어려움을 보였다.

이야기 산출 목표		어휘	아동 반응
친구랑 놀고 있었어.	배경	유치원 싸우다 말리다 화해하다 미안하다 기타:	유치원(+) 싸우다(+) 말리다(-) 화해하다(-) 미안하다(+)
친구랑 (유치원)*에서 싸웠어.	계기 사건		
(다른 친구들)*이 말렸어.	시도		
결국 친구랑 화해했어.	결과		
친구한테 미안했어.	내적 반응		

• 의문사 질문하여 이야기 이해와 산출 돕기: 아동의 약점을 바탕으로 의문사 질문을 통해 완성된 문장 형태로 이야기 문법 산출을 확장하였다. 아동이 적절하게 대답한 경우 혹은 적절하게 대답하였지만 단답형으로 대답한 경우, 완성된 문장 형태로 다시 들려주었다.

이야기 산출 목표		이야기 유도 의문사 질문	아동 반응
친구랑 놀고 있었어.	배경	누구랑 놀고 있었어?	1차: 친구랑요. 2차: 친구랑 인형 놀이했어요.
친구랑 (유치원)*에서 싸웠어.	계기 사건	친구랑 어디에서 싸웠어?	1차: 싸웠어요. 2차: 유치원에서 싸웠어요.
(다른 친구들)*이 말렸어.	시도	다른 친구들이 어떻게 했어?	1차: 친구들이 말렸어요.
결국 친구랑 화해했어.	결과	결국 친구랑 어떻게 됐어?	1차: 화해했어요. 2차: 친구랑 화해했어요.
친구한테 미안했어.	내적 반응	친구한테 어떤 마음이 들었어?	1차: 미안했어요. 2차: 친구한테 미안했어요.

• 촉진 후, 아동에게 다시 이야기 산출을 유도하였는데 "친구랑 유치원에서 인형 놀이했어요. 그런데 싸웠어요. 친구들이 말려서 화해했어요. 친구한테 미안했어요."라고 표현하였다. (2)에 아동의 발화를 전사한 후 이야기 문법은 '배경' '계기 사건' '시도' '결과' '내적 반응'에 '+' 표시하였다.

(1) 자발 산출		(2) 촉진 후 산출	
친구랑 인형 놀이하다가	배경(+)	친구랑 유치원에서 인형 놀이했어요.	배경(+)
싸웠어요.	계기 사건(+)	그런데 싸웠어요.	계기 사건(+)
	시도( )	친구들이 말려서	시도(+)
	결과( )	화해했어요.	결과(+)
미안했어요.	내적 반응(+)	친구한테 미안했어요.	내적 반응(+)

응용하기

• 단어 응용하기: 아동의 경험에 비추어 단어를 다양하게 응용할 수 있다.

어휘	범주
유치원	명사 6(공공장소, 놀이터) 카드 활용
친구	명사 2(직업) 카드 활용

• 다음 에피소드 연결해서 말해 보기

"친구랑 싸운 이후 어떻게 되었는지 이야기해 볼까?"

'무거운 물건을 친구와 함께 들었던 경험(유치원)' 에 대해 1개의 에피소드를 갖추어 산출할 수 있다

언어 수준

- 이야기: 자신이 경험한 이야기를 조리 있게 전달하지 못하는 아동
- 의미: 담화 표현 시, 단어 인출에 어려움이 있는 아동
- 문법: 4~5개 단어 조합 이상 문장 표현이 어려운 아동(단, 적어도 2~3개 단어 조합 문장 표현 가능한 아동)
- 대화: 대화 주고받기가 2회 이상 가능한 아동

언어 목표

- '무거운 물건을 친구와 함께 들었던 경험(유치원)'에 대해 에피소드를 갖추어 산출할 수 있다.
- 언어 목표의 예시

  유치원에서 (블록)*을 가지고 놀고 싶었어.

  (블록)*들이 많아서 통이 무거웠어.

  그래서 친구랑 같이 들었어.

  가벼워졌어.

유의사항

'언어 목표'에서 제시된 (　　　　)*는 아동의 경험에 따라 다른 내용으로 바뀔 수 있음을 나타낸다. ('응용하기' 참고)

사용 카드

- 명사 6(공공장소): 유치원
- 명사 5(생활용품): 블록
- 서술어 1(반대말): 많다, 무겁다, 가볍다
- 서술어 2(쉬는 시간): 들다

활동절차: 중재 전략 및 유의사항

(1) 이야기 카드 준비

- 이야기 산출을 위해 필요한 우리말카드를 미리 준비한다.

(2) 이야기 구조 확인

- 선생님은 아동에게 이야기 구조에 대해 이해를 시켜 준다.

〈이야기 구조 설명에 대한 예〉

"○○아, 우리 경험한 이야기를 함께 해 볼 거야. 어떠한 일이 일어났는지, 왜 그런 일이 일어났는지, 그래서 어떻게 해결했고 그다음에 어떻게 되었는지 이야기해 주는 거야."

"내가 무거운 물건을 친구와 함께 들었던 경험 이야기해 줄게. 유치원에서 블록을 가지고 놀고 싶었어. 블록들이 많아서 통이 무거웠어. 그래서 친구들이랑 같이 들었어. 가벼웠어."

(3) 자발 산출

- 경험 이야기 스스로 말하기: 그림을 제공하지 않고 아동에게 경험했던 이야기를 스스로 산출하도록 유도한다. 이때 아동의 발화를 전사하여 강점과 약점을 확인한다.

〈자발 산출 유도 지시 예〉

"○○아, 무거운 물건을 친구와 함께 들었던 경험 있어? 그럼 겪었던 경험을 길게 이야기해 줘."

"무엇이 무거웠는지, 무거워서 어떻게 했는지, 그래서 어떻게 되었는지 이야기해 주는 거야. 자, 시작."

(4) 이야기 촉진 활동

- 미리 경험 나누기: 선생님은 미리 준비한 그림카드들을 바닥에 펼쳐 보여 주면서 아동에게 '무거운 물건을 친구와 함께 들었던 경험'이 있는지를 물어본다.
- 우리말카드를 활용하여 어휘 촉진하기: 이야기와 관련된 우리말카드를 아동에게 보여 주고 어휘를 산출하도록 유도한다. 어휘 산출이 어려운 경우, 어휘를 경험과 연결하여 알려 주고 목표 어휘를 알려 준다.

<table>
<tr><th colspan="2">이야기 산출 목표</th><th>어휘</th><th>아동 반응</th></tr>
<tr><td>유치원에서 (블록)*을 가지고 놀고 싶었어.</td><td>배경</td><td rowspan="4">유치원
블록
많다
무겁다
들다
가볍다
기타:</td><td rowspan="4"></td></tr>
<tr><td>(블록)*들이 많아서 통이 무거웠어.</td><td>계기 사건</td></tr>
<tr><td>그래서 친구랑 같이 들었어.</td><td>시도</td></tr>
<tr><td>가벼웠어.</td><td>결과</td></tr>
<tr><td>–</td><td>내적 반응</td><td>–</td><td>–</td></tr>
</table>

- 의문사 질문하여 이야기 이해와 산출 돕기: 아동의 약점을 바탕으로 의문사 질문을 통해 완성된 문장 형태로 이야기 문법 산출을 확장한다. 아동이 적절하게 대답한 경우 혹은 적절하게 대답하였지만 단답형으로 대답한 경우, 완성된 문장 형태로 다시 들려준다. 적절하게 대답하기 어려운 경우, 목표 대답을 들려준 후 모방하도록 유도한다. 필요한 경우, 카드를 다시 보여 주고 어휘를 확인시켜 준다.

〈의문사 질문한 후 촉진 지시 예〉

"자, 질문할게. 잘 듣고 대답해 줘. 블록이 많아서 통이 어땠어?"

"응, 무거웠어. 블록들이 많아서 통이 무거웠어?"

"응, 기억이 안나? 카드 보여 줄게. 다시 봐 봐."

이야기 산출 목표		이야기 유도 의문사 질문	아동 반응
유치원에서 (블록)*을 가지고 놀고 싶었어.	배경	유치원에 무엇이 있었어?	
(블록)*들이 많아서 통이 무거웠어.	계기 사건	블록이 많아서 통이 어땠어?	
그래서 친구랑 같이 들었어.	시도	무거워서 어떻게 했어?	
가벼웠어.	결과	친구랑 같이 들어서 어땠어?	
–	내적 반응	–	–

• 경험 이야기 시범 보여 주기: 아동이 스스로 경험 이야기 산출이 어려운 경우, 선생님은 언어 목표를 참고하여 관련 경험 이야기를 들려준다. 들려준 후 완성된 이야기를 산출하도록 유도한다.

〈경험 이야기 시범 예〉

"응, 내가 경험했던 이야기해 줄게. 유치원에서 블록을 가지고 놀고 싶었어. 블록들이 많아서 통이 무거웠어. 그래서 친구랑 같이 들었어. 가벼웠어."

"잘 들었지? 다시 한 번 이야기해 보자."

(5) 촉진 후 산출

• 촉진 후, 완성된 이야기를 다시 산출하도록 유도한다. 아동에 따라 필요한 경우, 앞의 촉진 훈련을 선택하여 반복 훈련을 한다.

〈촉진 후 산출 유도 지시 예〉

"자, 그럼 이제 이 이야기를 다른 친구한테도 한 번 들려줄 거야. '무거운 물건을 친구와 함께 들었던 경험'을 길게 이야기해 줘."

유의사항

- 의미- 아동의 경험에 따라 (   )의 내용은 수정할 수 있다.
- 구문- 구문 촉진 시, 아동의 언어 수준에 맞추어 수정할 수 있다.
- 아동의 경험에 따라 이야기 유도 의문사 질문은 수정할 수 있다.

아동 반응 및 중재 효과

- 자발적 산출을 통해 아동에게 이야기 산출을 유도한다. (1)에 아동의 발화를 전사한 후 산출된 이야기 문법에 '+' 표시한다.
- 촉진 후, 아동에게 다시 이야기 산출을 유도한다. (2)에 아동의 발화를 전사한 후 산출된 이야기 문법에 '+' 표시하여 촉진 효과를 확인한다.

(1) 자발 산출		(2) 촉진 후 산출	
	배경( )		배경( )
	계기 사건( )		계기 사건( )
	시도( )		시도( )
	결과( )		결과( )
	내적 반응( )		내적 반응( )

활용 사례- 만 7세 11개월(남)

- 아동은 3~4개 단어 조합 문장을 연결하여 말할 수 있으나 자신이 경험한 이야기를 조리 있게 전달하기를 어려워한다.
- 카드를 제공하였을 때 이야기에 필요한 일부 어휘를 인출하는 데 어려움이 있다.
- 카드를 제공하였을 때 어휘를 인출할 수 있으나 이야기 담화 표현 시에 해당 낱말을 인출하기 어려워하였다.
- 자발적 산출을 통해 아동에게 이야기 산출을 유도하였는데 "블록 많았어. 친구랑 같이 들었어." 라고 표현하였다. (1)에 아동의 발화를 전사한 후 이야기 문법 '계기 사건' '시도'에 '+' 표시하였다.

(1) 자발 산출		(2) 촉진 후 산출	
	배경( )		배경( )
블록 많았어.	계기 사건(+)		계기 사건( )
친구랑 같이 들었어.	시도(+)		시도( )
	결과( )		결과( )
–	내적 반응( )	–	내적 반응( )

- 우리말카드를 활용하여 어휘 촉진하기: 이야기와 관련된 우리말카드를 아동에게 보여 주고 어휘를 산출하도록 유도하였다. 그 결과, 어휘 중 '무겁다' '가볍다' 인출에 어려움을 보였다.

이야기 산출 목표		어휘	아동 반응
유치원에서 (블록)*을 가지고 놀고 싶었어.	배경	유치원 블록 많다 무겁다 들다 가볍다 기타:	유치원(+) 블록(+) 많다(+) 무겁다(-) 들다(+) 가볍다(-)
(블록)*들이 많아서 통이 무거웠어.	계기 사건		
그래서 친구랑 같이 들었어.	시도		
가벼워졌어.	결과		
–	내적 반응	–	–

- 의문사 질문하여 이야기 이해와 산출 돕기: 아동의 약점을 바탕으로 의문사 질문을 통해 완성된 문장 형태로 이야기 문법 산출을 확장하였다. 아동이 적절하게 대답한 경우 혹은 적절하게 대답하였지만 단답형으로 대답한 경우, 완성된 문장 형태로 다시 들려주었다.

이야기 산출 목표		이야기 유도 의문사 질문	아동 반응
유치원에서 (블록)*을 가지고 놀고 싶었어.	배경	유치원에 무엇이 있었어?	1차: 블록이요. 2차: 블록 많았어요. 3차: 유치원에 블록 많았어요.
(블록)*들이 많아서 통이 무거웠어.	계기 사건	블록이 많아서 통이 어땠어?	1차: 몰라요. 2차: 무거웠어요. 3차: 블록 많아서 무거웠어요.

그래서 친구랑 같이 들었어.	시도	무거워서 어떻게 했어?	1차: 같이 들었어요. 2차: 친구랑 같이 들었어요.
가벼워졌어.	결과	친구랑 같이 들어서 어땠어?	1차: 몰라요. 2차: 작아요. 3차: 가벼웠어요.
–	내적 반응	–	–

응용하기

• 단어 응용하기: 아동의 경험에 비추어 단어를 다양하게 응용할 수 있다.

어휘	범주
블록	명사 1(놀이), 명사 5(학용품) 카드 활용

제4장

설명 담화

음식을 만드는 과정을 순서에 따라 구어로 설명할 수 있다

언어 수준

- 두세 문장 이상의 길이로 연결해서 말할 수 있으나 순서에 따라 절차를 조리 있게 말하기 어려워하는 아동
- 음식과 관련된 어휘를 이해하고 표현할 수 있는 아동

언어 목표

- 음식 만드는 과정을 순서에 따라 설명할 수 있다.
- 적절한 이어 주는 말을 사용할 수 있다.
- 언어 목표의 예시

  바나나 껍질을 깐다.

  바나나를 칼로 자른다.

  우유를 전자레인지에 데운다.

  믹서기에 바나나와 우유를 넣는다.

  컵에 따라 마신다.

사용 카드

- 명사 4(주방): 전자레인지, 컵, 칼
- 서술어 3(요리): 까다, 놓다, 따르다, 마시다

• 명사 9(과일 · 열매): 바나나 • 명사 9(음식): 우유

활동절차: 중재 전략 및 유의사항

(1) 그림카드를 보며 '바나나 우유를 만들기' 순서에 따라 만들기

• 아동에게 바나나와 우유 그림카드를 보여 주면서 "○○이는 바나나 우유 좋아하니?" "우리 함께 바나나 우유를 만들어 보자."와 같이 말하면서 바나나 우유 만들기 활동을 할 것임을 소개한다.

• 아동과 함께 다음과 같은 순서대로 만들기 활동을 진행한다. 이때 그림 및 글자 카드를 만들기 순서에 따라 배열하면서 아동에게 다음과 같은 순서를 모델링해 준다.

–바나나 껍질을 깐다.

–바나나를 칼로 자른다.

–우유를 전자레인지에 데운다.

–믹서기에 바나나와 우유를 넣는다.

–컵에 따라 마신다.

• 앞의 활동을 순서대로 진행하면서 각 활동 순서별로 사진을 찍는다(또는 동영상 촬영을 한다).

• 활동을 마친 후 아동과 함께 만든 순서를 회상하며 순서판을 만들어 본다. '바나나–까다, 바나나–자르다, 우유–전자레인지–데우다, 바나나–우유–넣다, 컵–따르다–마시다' 카드를

순서에 따라 배열한다.

순서	바나나 우유 만들기
1	바나나, 까다
2	바나나, 자르다
3	우유, 전자레인지, 데우다
4	바나나, 우유, 넣다
5	컵, 따르다, 마시다

유의사항

- 우리말카드에 필요 단어가 없는 경우 빈 카드에 적어서 사용한다.
- 반복되는 카드가 필요한 경우 빈 카드에 적어 주거나 사물 모형으로 대체한다.

(2) 만들기 과정을 찍어 놓은 사진을 보며, 만드는 과정에 따라 배열하기

- 바나나 우유 만드는 과정을 찍은 사진을 섞어 놓고, 아동에게 만든 순서를 떠올리도록 유도한 후 순서에 따라 배열하도록 한다.

  (사진을 보여 주면서) "○○아, 우리가 바나나 우유 만드는 모습을 찍은 사진이야. 바나나 우유를 어떻게 만들었는지 생각해 보자. 어떤 순서로 만들었지? 우리가 만든 순서대로 사진을 놓아 보자."
- 사진이 없는 경우 (1)에서 만든 순서판을 다시 만들고, 순서를 확인한다.
- 아동이 순서에 따라 배열하기 어려워 할 경우 "다음에는 뭐했지? 바나나 껍질을 깐 다음에 어떻게 했지?"와 같은 구어적 단서를 제공하며 다음 순서를 회상하도록 촉진해 준다.

(3) 사진과 그림카드를 보며, 순서대로 연결하여 말하기

- 순서대로 배열된 사진이나 그림카드를 보며, 한 문장으로 말하기를 유도한다.

  (사진이나 그림카드를 보여 주면서) "자, 지금부터 사진을 보며 바나나 우유를 어떻게 만들었는지 말해 보자."
- 아동이 사진에 있는 상황을 하나의 문장으로 말할 수 있도록 "이 사진은 뭐 하고 있는 거지?"와

같이 질문하여 사진을 한 장씩 설명할 수 있도록 유도한다.

- 아동이 사진을 보고 자발적으로 설명하기 어려워 할 경우, "이거 뭐지? ○○를 어떻게 했지?"와 같은 구어적 단서를 제공하여 회상을 촉진한다.
- 아동이 사진을 보며 적절한 문장으로 말한 경우, 사진과 그림(글자)카드를 나란히 붙여 순서판을 만든다.

바나나 우유 만들기		
순서	사진 배열	그림(글자)카드 배열
1		바나나-까다
2		바나나-자르다
3		우유-전자레인지-데우다
4		바나나-우유-넣다
5		컵-따르다-마시다

- 사진이나 그림(글자)카드를 보면서 각 문장을 연결하여 덩어리로 길게 말한다.
  "자, 이 순서판을 보면서 친구에게 바나나 우유 만드는 방법을 알려줄 말을 연습해 보자!"
- 아동이 스스로 말하기 어려워하는 경우, 전체적인 내용을 먼저 모델링 해 준다.

〈말하기 예시〉

"먼저 바나나 껍질을 까고 바나나를 칼로 자른다. 우유는 전자레인지에 넣고 데운다. 따뜻해진 우유와 바나나를 믹서기에 넣는다. 마지막으로 컵에 따라서 마신다."

- 아동이 도움을 주면 스스로 말할 수 있는 경우, "맨 처음에는 뭐했지?" "다음 순서는?"과 같은 구어적 단서를 제공해서 아동이 스스로 말하도록 유도한다. 이때 구어와 시각적 단서를 함께 제공해 줄 수 있다.
  -아동이 촉진 단서에 의해 한 문장씩 산출했을 경우, 산출한 문장을 길게 연결해서 말하도록 한다.

(4) 만드는 과정에 따라 순서대로 말하기 구조를 갖춰 말하기

- 시작하기 단계에 무엇을 만드는 법에 대해 설명하는 것인지를 붙여 '설명 대상 소개하기–만들기 순서에 따라 설명하기'의 구조로 길게 말해 본다.
  –"○○아, 그런데 처음 말할 때, 바나나 우유 만들기에 대해 알려줄 것이라는 걸 먼저 말해 주면 어떨까? 뭐에 대해 알려 주려고 하는지 더 잘 알 수 있을 거 같아."
  – 예) "바나나 우유 만드는 방법에 대해 알려 주겠습니다."

(5) 자연스럽게 '이어 주는 낱말'을 붙여 좀 더 세련되게 말하기

- '–에 대해서 설명해 보겠습니다' '우선–' '다음은–' '다음 순서는–' '마지막으로–'와 같이 이어 주는 말을 넣어 좀 더 자연스럽게 연결될 수 있도록 연습해 본다.
- 아동이 길게 문장만을 나열할 때 중간중간 이어 주는 낱말이 필요한 부분에서 강조하며 말해 준다.
- 아동에게 이어 주는 말이 들어간 문장을 모델링 해 주고 없는 문장과 차이에 대해 이야기해 본다.
- 아동에게 선생님이 친구라고 생각하고 길게 말해 보라고 유도한다.

(6) 순서판 없이 길게 이야기하기

- 순서판을 사용해서 길게 말하기 연습이 어느 정도 되었을 때, 순서판 없이 혼자 말할 수 있도록 유도한다.
- 이때 순서판을 단계적으로 빼면서 말하기를 유도할 수 있다. 예를 들어, 마지막 카드부터 하나씩 빼면서 말해 보기를 하다가, 전체를 안 보고 말할 수 있도록 한다.

아동 반응 및 중재 효과

- 아동이 각 단계에 해당하는 문장을 자발적으로 산출하기 어려워하는 경우, "이거 뭐지?" "○○를 어떻게 했지?"와 같은 구어적 단서를 제시해 주고, 그래도 어려워하는 경우 사진이나 그림(글자)판에서 해당 부분을 가리켜 시각적 단서를 추가한다.

- 아동이 만드는 순서를 회상하기 어려워할 경우 "다음에는 뭐했지?" "바나나를 깐 다음에 어떻게 했지?"와 같은 구어적 단서를 제공한다. 구어적 단서만으로 어려워할 경우 두 그림카드에서 특징에 해당하는 부분을 가리키는 시각적 단서를 추가 제공한다.
- 아동이 어떤 단서에서 산출했는지 해당 칸에 '+' 로 표기한다.

바나나 우유 만들기				
순서		자발적 표현	구어적 단서	구어+시각적 단서
1	바나나 껍질을 깐다.			
2	바나나를 칼로 자른다.			
3	우유를 전자레인지에 데운다.			
4	믹서기에 바나나와 우유를 넣는다.			
5	컵에 따라 마신다.			

- 덩이말 말하기에서 길게 연결하여 말하기 어려워할 경우 전체적인 덩이말을 모델링 해 준다.
- 모델링 후 아동에게 말하기를 유도하면서 다음 문장을 바로 연결하기 어려워하는 경우 구어 및 시각적 단서를 제공해 주고, '제일 먼저–' '다음에–' '마지막으로–'와 같은 이어 주는 말을 사용해서 촉진해 준다.
- '내용을 갖추었는가?' '말하기 구조에 맞게 설명하였는가?'를 3점 척도로 표기한다.

평가		2단계 이하	3~4단계	5단계 이상
내용	각 단계를 적절히 설명하였는가?			
평가		부적절	적절	아주 적절
말하기 구조	설명 대상을 소개하였는가?			
	요리 순서에 맞게 설명하였는가?			
	이어 주는 말을 적절히 넣었는가?			

활용 사례- 만 6세 3개월(남)

- 아동은 주로 4~5어절의 단문이나 초기 복문으로 표현하지만, 자신이 경험한 이야기를 할 때 안긴문장이 포함된 복문 사용도 관찰된다.
- 두세 문장을 연속해서 이야기할 수는 있으나, 일어난 순서에 따라 말하지 못해 두서없이 이야기를 하는 경향이 있다.

바나나 우유 만들기				
순서		자발적 표현	구어적 단서	구어+시각적 단서
1	바나나를 깨끗이 씻는다.	+		
2	바나나를 칼로 자른다.		+	
3	우유를 전자레인지에 돌린다.		+	
4	믹서기에 바나나와 우유를 넣는다.			+
5	컵에 따라 마신다.	+		

- 활동의 시작과 끝에 한 과정은 자발적으로 표현하였으나 다른 과정은 구어적 촉진 단서가 주어졌을 때 정반응할 수 있었다.

평가		2단계 이하	3~4단계	5단계 이상
내용	각 단계를 적절히 설명하였는가?		+	
평가		부적절	적절	아주 적절
말하기 구조	설명 대상을 소개하였는가?		+	
	요리 순서에 맞게 설명하였는가?		+	
	이어 주는 말을 적절히 넣었는가?	+		

- 순서판을 보며 4단계 이상의 과정을 자발적으로 말할 수 있고, '설명 대상 소개하기–순서에 따라 말하기'가 중재 후 적절하였다.

• 설명 대상 소개하기와 요리 순서에 맞게 설명하기는 잘하였으나 이어 주는 말은 자발적으로 사용하지 못하였다.

응용하기

• 아동의 말을 녹음(또는 녹화)한 후 함께 들어본 뒤, 칭찬해 주고 모니터링 하기
 –아동이 스스로 설명하는 내용을 녹음(녹화)한다.
 –녹음된 내용을 아동과 함께 들어 보면서 순서판의 내용이 다 들어갔는지 이야기한다.
 –'설명 대상을 소개하였는가?' '요리하는 순서에 맞게 설명하였는가?' '이어 주는 말을 적절히 넣었는가?' 등에 대해 아동과 이야기를 나눈다.

• 레시피 꾸미기
 –순서에 따라 요리하기 활동을 해 본다.
 –각 요리 단계를 사진을 찍어 순서대로 배열한다.
 –사진으로 꾸민 순서도를 보며 만드는 과정을 설명한다.
 –레시피 노트 작성해 보기: 각 사진을 붙이고, 순서대로 쓴다.

중재목표

02

범주에 따라 사물을 분류해서 설명할 수 있다

언어 수준

- 두세 문장 이상의 길이로 연결해서 말할 수 있으나 소주제에 따라 체계를 갖춰 말하기 어려워하는 아동
- 상위 범주어를 이해하고 표현할 수 있는 아동

언어 목표

- 낱말의 범주를 구별하여 말할 수 있다.
- 분류하여 말하기의 구조를 갖춰 말할 수 있다.
- 적절한 이어 주는 말을 사용할 수 있다.
- 언어 목표의 예시

  우리가 매일 즐겨 먹는 과일과 채소에는 어떤 것이 있을까요?

  과일은 주로 나무에서 열리는 열매입니다.

  사과, 배, 감, 바나나, 밤, 포도 등은 과일이지요.

  그런데 채소는 열매뿐 아니라 잎, 뿌리도 먹을 수 있어요.

  감자, 고구마, 당근, 배추, 오이, 콩은 채소지요.

  과일과 채소는 모두 맛도 좋고, 몸에도 좋은 음식입니다.

사용 카드

- 명사 9(과일 · 열매): 사과, 배, 감, 바나나, 밤, 포도
- 명사 9(채소): 감자, 고구마, 당근, 배추, 오이, 콩
- 명사 7(식물): 나무

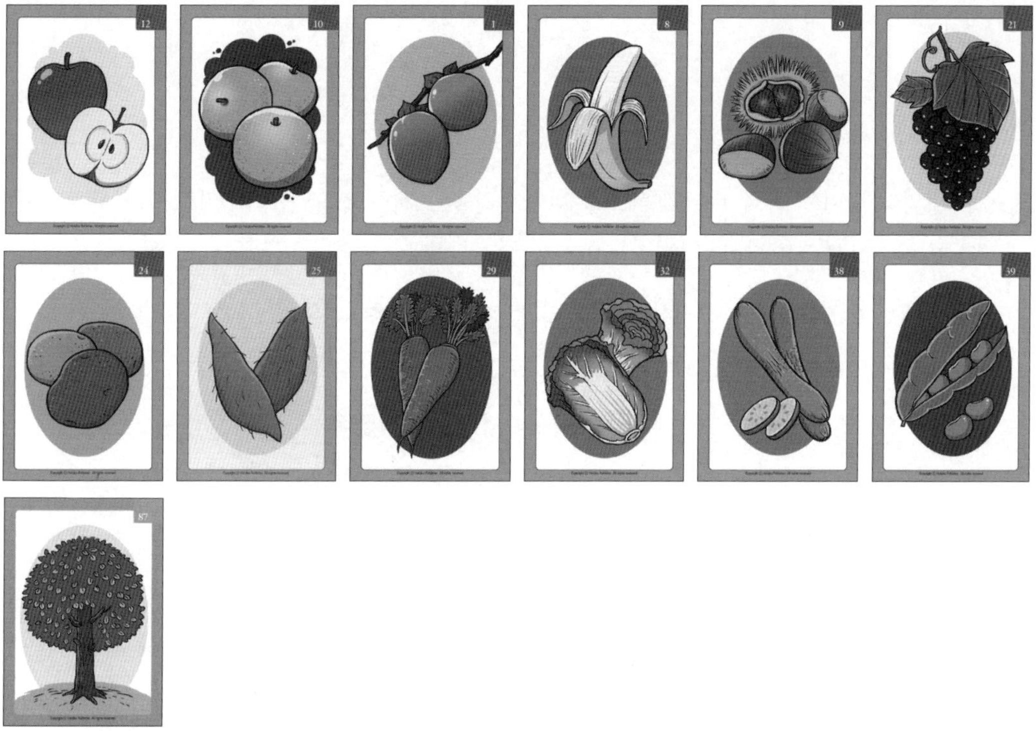

활동절차: 중재 전략 및 유의사항

(1) 그림(글자)카드로 좋아하는 과일과 채소 이름을 말하고, 기준에 따라 나누기 놀이하기

- 여러 가지 과일과 채소 종류를 나타내는 카드를 놓고, 좋아하는 과일과 채소 이름대기 놀이를 한다.

  (그림카드를 보여 주면서) "○○아, 여기 맛있는 과일과 채소가 많구나. ○○이는 어떤 걸 좋아하지?

좋아하는 과일이나 채소가 뭐야?"

('사과' 그림카드를 보여 주면서) "선생님은 사과를 좋아하는데, 우리 좋아하는 과일 이름대기 놀이를 해 볼까?"

- 펼쳐 놓은 그림카드(앞에서 이름대기 놀이한 과일이나 채소 이름)를 색깔 또는 모양을 기준으로 분류하기 놀이를 한다.

('사과' 그림카드를 보여 주면서) "사과는 무슨 색이지? 그래, 빨간색이구나. 자, 우리 빨간 과일만 모아 볼까?"

(2) 과일과 채소 바구니에 담기 놀이

- 두 개의 바구니에 각각 과일과 채소용 바구니임을 표시하고, 그림(글자)카드(또는 사물 모형)를 각각의 바구니에 알맞게 담는 놀이를 한다.

(그림 및 글자 카드를 보여 주면서) "자, 지금부터 바구니에 과일과 채소를 나눠서 담는 놀이를 해 보자. 사과는 과일일까? 채소일까? 그래, 과일이구나! 그럼, 여기 과일 바구니에 담아 보자."

- 아동과 선생님이 번갈아 가며 바구니에 넣는 게임을 진행한다.

유의사항: 이때 선생님은 아동이 확실히 알고 있는 것을 다른 바구니에 넣어 아동이 수정할 기회를 줄 수도 있다.

- 바구니에 담긴 과일과 채소의 특징에 대해 이야기 나누기
  - (과일 바구니를 보며) "여기 바구니에 뭐가 있지? 그래 과일들이구나! 어떤 게 과일일까? 사과는 과일이지? 사과는 사과나무에서 열리는 열매래. 나무에서 열리는 열매가 과일이구나!"와 같이 범주어 '과일'의 특징을 정리해 본다.
  - (채소 바구니를 보며) "여기 바구니에 뭐가 있지? 그래 채소들이구나! 어떤 게 채소일까? 배추는 채소지? 배추는 잎을 먹는 채소야. 채소는 이파리도 먹을 수 있는 거구나!"와 같이 범주어 '채소'의 특징을 정리해 본다.
  - 뿌리를 먹는 '감자, 당근', 열매를 먹는 '오이, 콩' 등도 함께 이야기 나눈다.

• 각각의 바구니에 담긴 과일과 채소의 종류 말해 보기

–(과일 바구니를 보며) "과일 바구니에 담긴 것이 여러 가지 과일 종류들이네. 그럼 과일의 종류에 뭐가 있는지 말해 보자."와 같이 상위 범주어와 하위어를 연결하여 말할 수 있도록 유도한다. 아동이 자발적으로 말하기 어려워할 경우 언어 모델(예: "과일의 종류에는 사과, 배, 감, 바나나, 포도가 있습니다.")을 제공한다.

–이때 아동과 시장놀이를 하면서 주인과 손님의 대화를 활용해 분류하여 말하기 놀이를 할 수 있다(예: 손님–"어떤 종류의 과일을 파나요?", 주인–"과일 종류로는 사과, 배, 감… 이 있어요. 뭐로 드릴까요?")

(3) 어휘망과 도식판 완성하기

• 그림(글자)카드를 이용해 (2)에서 바구니에 담은 과일과 채소의 종류를 어휘망으로 나열해 본다.

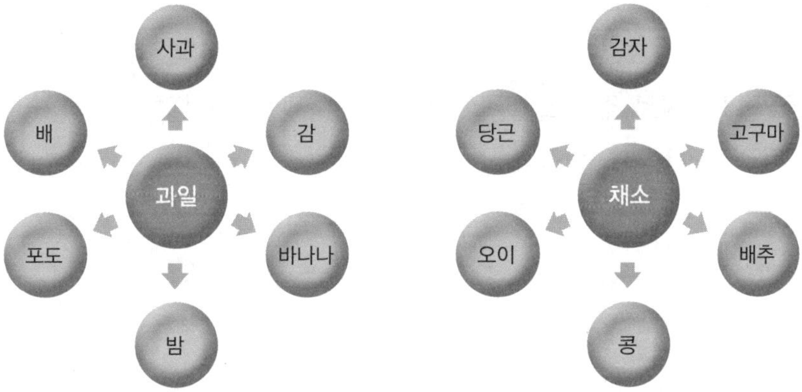

• 앞의 그림(단어)카드를 큰 도식판에 붙이면서 과일과 채소의 뜻과 종류를 정리해 본다.

	뜻	종류
과일		
채소		

• 도식판을 완성한 후 과일은 어떤 것이며, 종류는 어떤 것인지 한 덩어리로 말할 수 있도록 유

도한다.

- 아동이 자발적으로 말하기 어려워할 경우 구어적 단서(예: "과일은 어떤 걸 말하지?" "과일은 어떤 종류가 있지?")를 제시한다.

(4) 분류의 설명 구조를 갖춰 길게 설명하기

- (3)에서 만든 도식판을 보면서 과일과 채소의 뜻과 종류를 연결하여 길게 말하기를 연습한다.
  - "자, 이제 과일과 채소의 뜻과 종류에 대해 함께 말해 보자."
  - "우리가 지금까지 한 말을 붙여서 길게 말해 보자."
- 앞의 내용을 소개하는 내용을 시작하기 단계에 붙여 '설명 대상 소개하기-과일의 뜻과 종류-채소의 뜻과 종류'의 구조로 길게 말해 보도록 연습한다.
  - "◯◯아, 그런데 처음 말할 때, 과일과 채소에 대한 말을 할 거라는 걸 먼저 말해 주면 어떨까? 그러면 뭐에 대해 알려주려고 하는지 더 잘 알 수 있을 거 같아."

(5) 자연스럽게 '이어 주는 낱말'을 붙여 좀 더 세련되게 말하기

- '-에 대해서 알아보자' '그런데'와 같은 잇는 말을 넣어 좀 더 자연스럽게 연결될 수 있도록 연습해 본다.
- 아동이 길게 문장만을 나열할 때 중간중간 이어 주는 낱말을 필요한 부분에 강조하면서 추임새처럼 넣어 준다.
- 아동에게 추임새가 들어간 말을 모델링 해 주면서 차이에 대해 이야기 나눈다.
- 아동에게 선생님이 동생이라고 생각하고 길게 말해 보라고 유도한다.

〈말하기 예시〉

"우리가 매일 즐겨 먹는 과일과 채소에는 어떤 것이 있을까요? 과일은 주로 나무에서 열리는 열매입니다. 사과, 배, 감, 바나나, 밤, 포도 등은 과일이지요. 그런데 채소는 열매뿐 아니라 잎, 뿌리도 먹을 수 있어요. 감자, 고구마, 당근, 배추, 오이, 콩은 채소지요. 과일과 채소는 모두 맛도 좋고, 몸에도 좋은 음식입니다."

(6) 어휘망이나 도식판 없이 길게 이야기하기

• 어휘망이나 도식판을 사용해서 길게 말하기 연습이 어느 정도 되었을 때, 어휘망이나 도식판 없이 아동 혼자 말할 수 있도록 유도한다.

아동 반응 및 중재 효과

• 아동이 과일과 채소의 뜻이나 종류에 대해 자발적으로 말하기 어려워할 경우, 구어적 단서를 제공한다.

• 아동의 반응을 해당 칸에 '+'로 표기한다.

	뜻		종류	
	아동 반응	구어적 단서	아동 반응	구어적 단서
과일				
채소				

• 덩이말 말하기에서 길게 연결하여 말하기 어려워할 경우 전체적인 덩이말을 모델링 해 준다.

• 모델링 후 아동에게 말하기를 유도하면서 다음 문장을 바로 연결하기 어려워하는 경우 구어 및 시각적 단서를 제공해 주고, '그런데'와 같은 이어 주는 말을 사용하여 촉진해 준다.

• 아동이 말한 내용을 녹음(또는 녹화)해서 피드백 활동을 한다.

–아동과 함께 도식판에 정리한 내용과 혼자 말하기 한 내용을 비교하여 빠진 부분이 없는지 검토한다.

–'설명 대상 소개하기–과일의 뜻과 종류 말하기–채소의 뜻과 종류 말하기'의 틀에 맞게 말했는지 검토한다.

• '내용을 갖추었는가?' '말하기 구조에 맞게 설명하였는가?'를 3점 척도로 표기한다.

평가		부적절	적절	아주 적절
내용	과일과 채소의 뜻에 대해 말하였는가?			
	과일과 채소의 종류를 말하였는가?			

말하기 구조	설명 대상을 소개하였는가?			
	과일과 채소의 뜻과 종류를 순서대로 말하였는가?			
	이어 주는 말을 적절히 넣었는가?			

활용 사례– 만 6세 5개월(여)

- 아동은 2~3 문장을 연결하여 말할 수는 있으나 조리 있게 내용을 전달하기 어려워한다.
- 각 단어를 자발적으로 사용할 수 있으며, 범주어를 사용할 수는 있으나, 하위어를 자발적으로 나열하는 데 어려움이 있다.

	뜻		종류	
	아동 반응	구어적 단서	아동 반응	구어적 단서
과일		+	+	
채소		+		+

- 그림카드를 보며 과일이나 채소의 이름을 말할 수 있으나, 채소의 종류를 나열하는 데는 선생님의 구어적 단서가 필요하였다.

평가		부적절	적절	아주 적절
내용	과일과 채소의 뜻에 대해 말하였는가?	+		
	과일과 채소의 종류를 말하였는가?		+	
말하기 구조	설명 대상을 소개하였는가?		+	
	과일과 채소의 뜻과 종류를 순서대로 말하였는가?		+	
	이어 주는 말을 적절히 넣었는가?	+		

- 과일과 채소의 뜻을 자발적으로 설명하는 데 어려움이 관찰되었으나 과일과 채소 나누기 활동에서 한 특징 말하기를 다시 반복한 후 자발적 표현이 가능하였다.
- '설명 대상 소개하기-과일의 뜻과 종류 말하기-채소의 뜻과 종류 말하기'의 구조를 갖추어 말할 수 있었으나, 이어 주는 말의 사용은 구어적 단서를 제시한 후 표현하였다.

응용하기

- 다양한 범주어 활용하기
  - 교통기관, 가구, 가전제품 등 일상생활에서 자주 볼 수 있는 범주어 이름대기 놀이를 통해 상위어와 하위어를 익히고, 종류 나열하기 활동을 할 수 있다.
- 마트 놀이
  - 전단지를 활용하여, 해당 코너의 물건 오려서 붙이기 활동과 같은 마트에 물건 진열하기 놀이를 하면서 과자코너, 과일코너, 생선코너 등에 따로 물건 진열하기 놀이를 한다.

중재목표 03

비교/대조의 구조를 이용하여 두 사물의 같은 점과 다른 점을 말할 수 있다

언어 수준

- 두세 문장 이상의 길이로 연결해서 말할 수 있으나 소주제에 따라 체계를 갖춰 말하기 어려워하는 아동
- 상대적인 의미의 차이를 이해하고 표현할 수 있는 아동

언어 목표

- 같은 점과 다른 점을 이해하여 구어로 설명할 수 있다.
- '설명 대상 소개하기-같은 점 말하기-다른 점 말하기'의 구조를 갖춰 말할 수 있다.
- 적절한 이어 주는 말을 사용할 수 있다.
- 언어 목표의 예시

  호랑이와 토끼에 대해 알아보자.

  호랑이와 토끼는 오래전부터 우리에게 친숙한 동물이다.

  호랑이와 토끼는 여러 가지 면에서 같은 점이 많다.

  우선 두 동물 모두 주로 산속에서 생활을 한다.

  호랑이와 토끼 모두 달리기가 빠르다.

  또한 새끼에게 젖을 먹여 키우는 동물이라는 점도 같다.

  하지만 호랑이와 토끼는 다른 점도 많다.

  호랑이는 몸이 크고 무겁지만 토끼는 작고 가볍다.

토끼는 귀가 길지만 호랑이는 짧다.

그리고 호랑이는 다른 동물을 잡아먹지만 토끼는 풀을 먹고 산다.

이처럼 호랑이와 토끼는 여러 가지 같은 점과 다른 점이 있다.

사용 카드

- 명사 7(육지동물): 호랑이
- 명사 7(가축 외): 토끼
- 명사 6(자연): 산
- 서술어 1(반대말): 똑같다, 다르다, 작다, 크다, 무겁다, 가볍다, 길다, 짧다

활동절차: 중재 전략 및 유의사항

(1) 그림(글자)카드를 보며 어떻게 정보를 전달할지 이야기 나누기

- 호랑이와 토끼 그림카드를 아동에게 제시하며 호랑이와 토끼에 대해 알고 싶어 하는 동생에게 어떻게 말해야 할지 이야기 나눈다.

  –"○○아, 동생이 호랑이와 토끼를 잘 구별하지 못하면 어떻게 알려 줘야 할까?"

-"토끼는 아는데 호랑이를 잘 모르는 동생이 호랑이에 대해 알고 싶어 하면 어떻게 알려 주면 좋을까?"

-"호랑이와 토끼는 같은 점도 있고, 다른 점도 있잖아. 동생에게 같은 점과 다른 점을 말해 주면 좋겠구나."

-"같은 점과 다른 점에 대해 설명해 줘야 하겠지? 어떤 방법으로 알려 주면 동생이 잘 알아들을 수 있을까?"

(2) 그림(글자)카드를 보며, 공통점과 차이점 확인하기

- 호랑이와 토끼 그림카드를 나란히 놓고 같은 점 찾기 놀이를 한다.

(그림카드를 보여 주면서) "자, 지금부터 호랑이와 토끼가 똑같은 점이 뭔지 찾기 놀이를 해 보자. 선생님은 다리가 네 개인 게 같은 거 같아. ◯◯이도 찾아볼까?"

- 아동과 선생님이 함께 찾은 같은 점을 '똑같다' 낱말카드 옆에 순서대로 나열해 놓는다.
- 다시 두 개 그림카드를 나란히 놓고 다른 점 찾기 놀이를 한다.

(그림카드를 보여 주면서) "이제 호랑이와 토끼가 다른 점이 뭔지도 찾아보자. 선생님은 호랑이 몸집은 큰데, 토끼는 작은 거 같아. ◯◯이도 찾아볼까?"

- 아동과 선생님이 함께 찾은 다른 점을 '다르다' 낱말카드 옆에 순서대로 나열해 놓는다.

유의사항

- 아동과 선생님이 찾은 특징 중 카드에 있는 것은 카드를 놓고 카드가 없을 때는 빈 카드에 적는다.
- 다른 점을 찾을 때마다 찾은 곳에 각각 표시를 하고 나중에 많이 찾은 사람이 이기는 게임을 할 수도 있다.

(3) 설명하기 도식판 만들기

- (2)에서 나열한 그림(글자)카드를 큰 도식판에 붙이면서 같은 점과 다른 점에 대해 말한 내용을 다시 한 번 정리해 본다.

-"자, 지금까지 우리가 찾은 같은 점과 다른 점을 여기 판에 붙여 보자!"

	호랑이	토끼
똑같다		
다르다		

- 도식판을 완성한 후 아동과 함께 지금까지 내용을 다시 한 번 정리할 기회를 갖는다. 이때 제시한 각각의 특징을 말로 정리해 주거나 그림이나 글로 표시해 줄 수 있다.
  - "호랑이와 토끼는 다리가 네 개네. 생김새가 같구나."
  - "호랑이와 토끼는 둘 다 산속에 주로 사는 구나. 사는 곳이 같네."
  - "호랑이는 무거운데, 토끼는 가볍구나. 몸무게가 다르네."
  - "호랑이는 작은 동물을 먹는데, 토끼는 풀을 먹는구나. 좋아하는 먹이가 다르네."

(4) 도식판 보고 같은 점과 다른 점을 덩이로 길게 말하기

- (3)에서 만든 도식판을 보면서 같은 점을 한 덩어리로 길게 말해 본다.
  - "자, 이 판을 보면서 동생에게 알려 줄 말을 연습해 보자. 호랑이와 토끼에 대해 설명해 보자. 먼저 같은 점부터 길게 말해 볼까?"
- 아동이 스스로 말하기 어려워하는 경우, 전체적인 내용을 먼저 모델링 해 준다.
  - "호랑이와 토끼는 둘 다 동물이고, 산속에서 사는 것이 같아. 발이 네 개이고 수염이 난 것도 같아."
- 아동이 도움을 주면 스스로 말할 수 있는 경우, "사는 곳은?" "생긴 모양은?"과 같은 구어적 촉진 단서를 제공해서 아동이 스스로 말하도록 유도한다. 이때 구어와 시각적 촉진 단서를 함께 제공해 줄 수 있다.
- 아동이 촉진 단서에 의해 한 문장씩 산출했을 경우, 산출한 문장을 길게 연결해서 말하도록 한다.
- 같은 방법으로 다른 점 말하기를 한 덩어리로 길게 말해 본다.

(5) 비교/대조의 구조를 갖춰 길게 설명하기

- 도식판을 보면서 '같은 점-다른 점'을 연결해서 길게 말하기를 연습한다.
  - "자, 이제 호랑이와 토끼의 같은 점과 다른 점을 함께 말해 보자."
  - "우리가 지금까지 한 말을 붙여서 길게 말해 보자."
- 앞의 내용을 소개하는 내용을 시작하기 단계에 붙여 '설명 대상 소개하기-같은 점 말하기-다른 점 말하기'의 구조로 길게 말해 보도록 한다.
  - "○○아, 그런데 처음 말할 때, 호랑이와 토끼에 대한 말을 할 거라는 걸 먼저 말해 주면 어떨까? 뭐에 대해 알려 주려고 하는지 더 잘 알 수 있을 거 같아."

(6) 자연스럽게 '이어 주는 낱말'을 붙여 좀 더 세련되게 말하기

- '-에 대해서 설명해 보겠습니다' '같은 점은-' '다른 점은-' '그리고, 또, 그런데, 하지만'과 같은 잇는 말을 넣어 좀 더 자연스럽게 연결될 수 있도록 연습해 본다.
- 아동이 길게 문장만을 나열할 때 중간중간 이어 주는 낱말을 필요한 부분에 강조하면서 추임새처럼 넣어 준다.
- 아동에게 추임새가 들어간 말을 모델링 해 주면서 차이에 대해 이야기 나눈다.
- 아동에게 선생님이 동생이라고 생각하고 길게 말해 보라고 유도한다.

〈말하기 예시〉

"호랑이와 토끼에 대해 알아봅시다. 호랑이와 토끼는 같은 점이 많습니다. 먼저, 호랑이와 토끼는 둘 다 동물입니다. 다리가 네 개이고, 수염이 난 생김새도 같습니다. 그리고 주로 산속에서 살고, 둘 다 빨리 달립니다. 또한 새끼를 기를 때 젖을 먹이는 점도 비슷합니다. 그런데 호랑이와 토끼는 다른 점도 많습니다. 우선, 호랑이는 몸집이 크고, 토끼는 작습니다. 몸무게도 호랑이는 무겁지만, 토끼는 가볍습니다. 호랑이는 꼬리가 긴데, 토끼는 꼬리가 짧은 것도 다릅니다. 그리고 호랑이는 작은 동물을 주로 잡아먹지만, 토끼가 좋아하는 먹이는 풀입니다."

(7) 도식판 없이 길게 이야기하기

- 도식판을 사용해서 길게 말하기 연습이 어느 정도 되었을 때, 도식판 없이 혼자 말할 수 있도

록 유도한다.

아동 반응 및 중재 효과

- 아동이 호랑이와 토끼의 같은 점과 다른 점을 찾기 어려워할 경우, "사는 곳은 어떻지?" "좋아하는 먹이는?"과 같은 구어적 단서를 제공한다. 구어적 단서만으로 어려워할 경우 두 그림카드에서 특징에 해당하는 부분을 가리키는 시각적 단서를 추가로 제공한다.
- 아동이 어떤 단서에서 산출했는지 해당 칸에 '+' 표기한다.

	호랑이	토끼	구어적 단서	구어+시각적 단서
똑같다				
다르다				

- 덩이말 말하기에서 길게 연결하여 말하기 어려워할 경우 전체적인 덩이말을 모델링 해 준다.
- 모델링 후 아동에게 말하기를 유도하면서 다음 문장을 바로 연결하기 어려워하는 경우 구어 및 시각적 촉진 단서를 제공해 주고, '그런데' '또'와 같은 연결어를 사용한 촉진을 한다.
- 아동이 말한 내용을 녹음(또는 녹화)해서 피드백 활동을 한다.
  - 아동과 함께 도식판에 정리한 내용과 혼자 말하기 한 내용을 비교하여 빠진 부분이 없는지 검토한다.
  - '설명 대상 소개하기−같은 점 말하기−다른 점 말하기'의 틀에 맞게 말했는지 검토한다.
- '내용을 갖추었는가?' '말하기 구조에 맞게 설명하였는가?'를 3점 척도로 표기한다.

평가		1개 이하	2개	3개 이상
내용	같은 점에 해당하는 내용을 말하였는가?			
	다른 점에 해당하는 내용을 말하였는가?			
평가		부적절	적절	아주 적절
말하기 구조	설명 대상을 소개하였는가?			
	같은 점과 다른 점을 순서대로 말하였는가?			
	이어 주는 말을 적절히 넣었는가?			

활용 사례– 만 6세 5개월(여)

- 각 단어의 의미를 알고 있고, 쉬운 반대 개념은 이해하고 있으나 다양한 어휘로 개념 확장이 필요하다.
- 아동은 2~3 문장 이상 길게 말할 수는 있으나 앞뒤의 내용 연결이 자연스럽지 않아 전달하고자 하는 내용이 명확하지 않은 경향이 있다.

	호랑이	토끼	구어적 단서	구어+시각적 단서
똑같다	발이 네 개예요			
	빨라요		+	
	산에서 살아요			+
다르다	커요	작아요		
	무거워요	가벼워요	+	
	짧아요	길어요		+

- 스스로 한 가지 정도의 같은 점과 다른 점을 찾을 수 있으나, 다른 내용들은 구어적 단서와 시각적 단서가 주어졌을 때 정반응할 수 있었다.

평가		1개 미만	1~2개	3개 이상
내용	같은 점에 해당하는 내용을 말하였는가?		+	
	다른 점에 해당하는 내용을 말하였는가?		+	
평가		부적절	적절	매우 적절
말하기 구조	설명 대상을 소개하였는가?		+	
	같은 점과 다른 점을 순서대로 말하였는가?		+	
	이어 주는 말을 적절히 넣었는가?	+		

- 처음에는 같은 점과 다른 점을 한 문장 수준에서 자발적으로 찾아 말할 수 있었으나, 중재 활동 후 3개 이상의 내용을 구성할 수 있었다.
- 비교/대조 설명하기 구조에 대한 활동 후, 자발적으로 구조를 갖춰 말할 수 있었으나 앞뒤 맥락에 적절한 이어 주는 말을 넣는 데는 어려움이 관찰되었다.

응용하기

- 모니터링 활동: 아동의 말을 녹음(또는 녹화)한 후 함께 들어본 뒤, 칭찬해 주고 모니터링하기
  - 아동이 스스로 설명하는 내용을 녹음(녹화)한다.
  - 녹음된 내용을 아동과 함께 들어 보면서 도식판의 내용이 다 들어갔는지 이야기한다.
  - '설명 대상을 잘 소개하였는가?' '같은 점과 다른 점을 순서대로 말하였는가?' '이어 주는 말을 적절히 넣었는가?' 등에 대해 아동과 이야기를 나눈다.

집의 구조를 나누고, 분석의 설명 방법으로 말할 수 있다

언어 수준

- 두세 문장 이상의 길이로 연결해서 말할 수 있으나 소주제에 따라 체계를 갖춰 말하기 어려워하는 아동
- 집에서 사용하는 가구, 가전제품의 이름을 이해하고 표현할 수 있는 아동

언어 목표

- 사물의 쓰임에 맞게 적절히 배치할 수 있다.
- 분석하여 말하기의 구조를 갖춰 말할 수 있다.
- 적절한 이어 주는 말을 사용할 수 있다.
- 언어 목표의 예시

  우리 가족이 살고 있는 집을 소개하겠습니다.

  우리 집은 거실, 부엌, 화장실, 방으로 이루어져 있습니다.

  우리 집에서 가장 넓은 곳은 거실입니다.

  우리 가족 모두 거실에 있는 소파에 앉아서 텔레비전을 봅니다.

  화장실도 가족 모두가 이용하는 곳입니다.

  우리는 욕조나 세면대에서 몸을 깨끗이 씻습니다.

  엄마가 맛있는 음식을 만들어 주는 곳은 부엌입니다.

  부엌에는 싱크대와 냉장고, 식탁이 있습니다.

우리 집에는 세 개의 방이 있습니다.

부모님 방, 오빠 방 그리고 내 방이 있습니다.

방에는 침대와 옷장이 있습니다.

우리 가족은 모두 생활하기 편리한 우리 집을 매우 좋아합니다.

사용 카드

- 명사 4(가구): 소파, 식탁, 침대, 옷장
- 명사 4(주거공간): 거실, 부엌, 화장실, 싱크대
- 명사 4(주방): 냉장고
- 명사 4(욕실용품): 세면대, 욕조
- 명사 4(전자제품): 텔레비전

활동절차: 중재 전략 및 유의사항

(1) 우리 집 꾸미기 활동

- 아동과 함께 집에 어떤 장소가 있는지 이야기를 나눈다. "○○이 집은 어떻게 생겼니? 방이 몇 개야? 부엌과 화장실은 어디에 있지?"와 같은 질문을 하면서 아동과 함께 집에 어떤 공간들이 있는지에 대해 이야기를 나눈다.

• 스케치북에 우리 집의 구조를 그리고 꾸미기 활동을 한다. "거실은 어디에 있니? 거실 옆은 어떤 곳이야?"와 같은 질문을 하며, 아동이 집의 구조를 상기할 수 있도록 촉진한다.

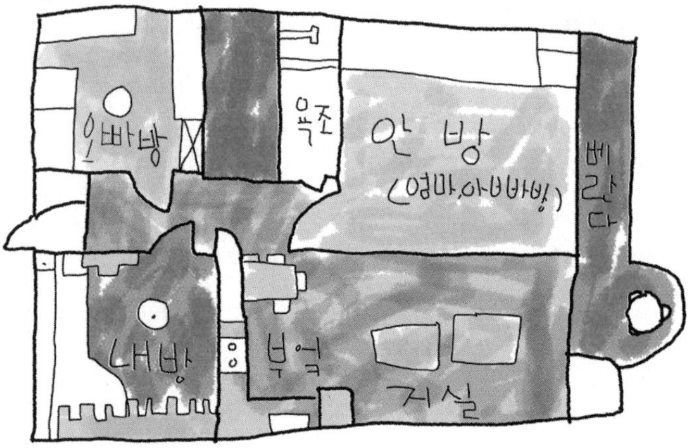

• 각 장소에 가구와 가전제품 그림카드를 배치하면서, 장소의 특징에 대해 이야기를 나눈다.

–"거실에는 어떤 게 있지? 그래, 소파와 텔레비전이 있구나!"

–"거실은 뭐하는 곳이야? 가족은 거실에서 주로 무엇을 하지?"

(2) 우리 집의 구조도를 보며 우리 집 소개하기

• (1)에서 그린 집의 구조도를 보면서, 집의 구조를 소개하는 말하기 유형에 대해 이야기를 나눈다.

(집 구조도를 보며) "자, 친구가 우리 집에 대해 알고 싶어 할 때 어떻게 알려 줘야 할까? 우리 집을 소개하려면 어떻게 해야 하지? 그래, 우리 집이 어떻게 생겼는지 설명해 줘야 하지?"

• (1)에서 그린 우리 집 구조도와 각 장소에 배치한 가구, 가전제품 등을 보면서 각 장소별로 특징과 속해 있는 사물을 연결해서 두 문장으로 이야기하도록 한다.

(집 구조도를 보며) "우리 집을 소개하려면 어떻게 해야 할까? 먼저 장소별로 이야기를 해 보자. 거실은 어디에 있지? 거실에는 무엇이 있니? 거실에서 가족은 무엇을 하지?"와 같은 이야기를 나누면서 장소별로 특징을 정리한 후, 둘 이상의 문장으로 각 장소별 특징을 길게 말하도록 한다.

• 그림을 보며 우리 집 전체의 구조를 소개한다. 각 장소별로 특징을 정리한 내용을 길게 연결

해서 전체 집의 구조에 대해서 말할 수 있도록 유도한다.

(집 구조도를 보며) "집의 각 장소마다 그런 특징이 있구나. 그런데 친구에게 우리 집을 소개하려면 모두 설명해 줘야 하겠지? 거실, 방, 부엌, 화장실에 대해서 모두 말해 줘야 하는구나. 그럼 어떤 순서로 소개할지 정해 보자."와 같이 말하면서 전체적으로 소개할 때 어떤 순서로 소개할지 정한다.

• 순서를 정한 후, 전체적으로 길게 말하도록 유도한다.

–"그럼, 지금 정한 순서대로 친구한테 우리 집을 소개하는 말을 길게 연결해서 설명해 보자."

(3) 어휘망과 도식판 완성하기

• 그림(글자)카드를 이용해 (2)에서 소개한 장소와 각 장소에 속해 있는 사물을 나열해 본다.

거실	부엌	화장실	방
소파	싱크대	욕조	침대
텔레비전	냉장고	세면대	옷장
	식탁		

• 앞의 어휘망을 보면서 장소의 특징을 말한 후, 길게 연결해서 우리 집을 소개한다.

• 그림(글자)카드를 도식판에 붙이면서 우리 집 소개하기 내용을 정리해 본다.

소개하는 말	

장소	특징	속한 물건
거실		
부엌		
화장실		
방		

정리하는 말	

(4) 설명 구조를 갖춰 길게 설명하기

- (3)에서 만든 도식판을 보면서 장소의 특징을 연결하여 길게 말하기를 연습한다.
  - "자, 이제 친구에게 우리 집을 소개해 보자."
  - "우리가 지금까지 한 말을 붙여서 길게 말해 보자."
- 앞의 내용을 소개하는 내용을 시작하기 단계에 붙여 '설명 대상 소개하기-장소별 특징과 속한 물건 말하기-정리하는 말하기'의 순서로 길게 말해 보기
  - "○○아, 그런데 처음 말할 때, 우리 집에 대해 소개할 거라는 걸 먼저 말해 주면 어떨까? 뭐에 대해 알려 주려고 하는지 더 잘 알 수 있을 거 같아."
  - "그리고 지금까지 소개한 우리 집에 대해 정리하는 말을 마지막에 넣어 주면 좋을 거 같아."

(5) 자연스럽게 '이어 주는 낱말'을 붙여 좀 더 세련되게 말하기

- '-에 대해서 알아보자' '그런데, 그리고'와 같은 잇는 말을 넣어 좀 더 자연스럽게 연결될 수 있도록 연습해 본다.
- 아동이 길게 문장만을 나열할 때 중간중간 이어 주는 낱말을 필요한 부분에 강조하면서 추임새처럼 넣어 준다.
- 아동에게 추임새가 들어간 말을 모델링해 주면서 차이에 대해 이야기 나눈다.
- 아동에게 선생님이 동생이라고 생각하고 길게 말해 보라고 유도한다.

〈말하기 예시〉

"우리 가족이 살고 있는 집을 소개하겠습니다. 우리 집은 거실, 부엌, 화장실, 방으로 이루어져 있습니다. 우리 집에서 가장 넓은 곳은 거실입니다. 우리 가족 모두 거실에 있는 소파에 앉아서 텔레비전을 봅니다. 화장실도 가족 모두가 이용하는 곳입니다. 우리는 욕조나 세면대에서 몸을 깨끗이 씻습니다. 엄마가 맛있는 음식을 만들어 주는 곳은 부엌입니다. 부엌에는 싱크대와 냉장고, 식탁이 있습니다. 우리 집에는 세 개의 방이 있습니다. 부모님 방, 오빠 방 그리고 내 방이 있습니다. 방에는 침대와 옷장이 있습니다. 우리 가족은 모두 생활하기 편리한 우리 집을 매우 좋아합니다."

(6) 어휘망이나 도식판 없이 길게 이야기하기

• 어휘망이나 도식판을 사용해서 길게 말하기 연습이 어느 정도 되었을 때, 어휘망이나 도식판 없이 혼자 말할 수 있도록 유도한다.

아동 반응 및 중재 효과

• 아동이 집의 장소별 특징과 속한 사물을 자발적으로 말하기 어려워할 경우, 구어적 단서를 제공한다. 구어적 단서로도 적절하게 반응하지 않으면, 그림카드나 우리 집 꾸미기 그림을 다시 보게 하여 시각적 단서로 촉진해 준다.

• 아동의 반응을 해당 칸에 '+'로 표기한다.

장소	특징			속한 물건		
	아동 반응	구어적 단서	구어+ 시각적 단서	아동 반응	구어적 단서	구어+ 시각적 단서
거실						
부엌						
화장실						
방						

• 덩이말 말하기에서 길게 연결하여 말하기 어려워할 경우 전체적인 덩이말을 모델링 해 준다.

• 모델링 후 아동에게 말하기를 유도하면서 다음 문장을 바로 연결하기 어려워하는 경우 구어 및 시각적 단서를 제공해 주고, '그리고'와 같은 연결어를 사용한 촉진을 한다.

• 아동이 말한 내용을 녹음(또는 녹화)해서 피드백 활동을 한다.

–아동과 함께 도식판에 정리한 내용과 혼자 말하기 한 내용을 비교하여 빠진 부분이 없는지 검토한다.

–'설명 대상 소개하기–장소별 특징과 속한 물건 말하기–정리하는 말하기'의 틀에 맞게 말했는지 검토한다.

• '내용을 갖추었는가?' '말하기 구조에 맞게 설명하였는가?'를 3점 척도로 표기한다.

평가		부적절	적절	아주 적절
내용	각 장소를 구분해서 말하였는가?			
	각 장소에 속한 사물을 적절히 말하였는가?			
	각 장소의 쓰임이나 특징을 말하였는가?			
말하기 구조	설명 대상을 소개하였는가?			
	집의 장소별 특징을 순서대로 말하였는가?			
	이어 주는 말을 적절히 넣었는가?			

활용 사례– 만 7세 8개월(여)

• 아동은 2~3 문장을 연결하여 말할 수는 있으나 조리 있게 내용을 전달하기 어려워한다.

• 각 단어를 자발적으로 사용할 수 있으며, 사물의 기능에 대해 말할 수 있다.

장소	특징			속한 물건		
	아동 반응	구어적 단서	구어+ 시각적 단서	아동 반응	구어적 단서	구어+ 시각적 단서
거실		+		소파 텔레비전		
부엌			+		+	
화장실			+		+	
방		+			+	

• 각 장소의 특징에 대해서는 처음에 자발적으로 표현하기 어려워하였으며, 구어적 단서와 시각적 단서를 제공하였을 때 정반응하였다.

• 그림카드를 보며 거실에 속한 물건은 자발적으로 반응하였으나, 다른 장소에 속한 물건은 구어적 단서를 주었을 때 정반응하였다.

평가		부적절	적절	아주 적절
내용	각 장소를 구분해서 말하였는가?		+	
	각 장소에 속한 사물을 적절히 말하였는가?		+	
	각 장소의 쓰임이나 특징을 말하였는가?		+	
말하기 구조	설명 대상을 소개하였는가?		+	
	집의 장소별 특징을 순서대로 말하였는가?		+	
	이어 주는 말을 적절히 넣었는가?		+	

- 아동은 초기에 장소의 특징이나 속한 사물을 자발적으로 설명하는 것을 어려워하였으나, 그림을 다시 보며 단서를 제공하였을 때 적절히 설명할 수 있었다.
- '설명 대상 소개하기-장소별 특징과 속한 물건 말하기-정리하는 말하기'의 구조를 갖추어 말할 수 있었으나, 정리하는 말하기와 이어 주는 말의 사용은 구어적 모델을 제시한 후 표현하였다.

응용하기

- 우리 동네 지도 만들기
  - 장소카드를 이용해 우리 동네에 있는 공공기관, 상점, 여가 시설 등에 대해 이야기하고, 동네 지도 만들기 활동을 한다.
  - 동네 지도를 보면서 우리 동네를 소개하는 말하기 활동을 한다.

중재목표

05

놀잇감 만드는 과정을 순서에 따라 구어로 설명할 수 있다

언어 수준

- 두세 문장 이상의 길이로 연결해서 말할 수 있으나 순서에 따라 절차를 조리 있게 말하기 어려워하는 아동
- 문방구와 관련된 어휘를 이해하고 표현할 수 있는 아동

언어 목표

- 놀잇감 만드는 과정을 순서에 따라 설명할 수 있다.
- 적절한 이어 주는 말을 사용할 수 있다.
- 언어 목표의 예시

  재미있는 바람개비를 만들어 보자.

  먼저 색종이를 준비한다.

  색종이를 삼각형 모양으로 접었다가 편다.

  반대쪽도 같은 방법으로 접었다가 편다.

  가위로 네 개의 선을 따라 자른다.

  이때 가운데까지 자르지 말고, 끝부분은 남긴다.

  잘린 네 개의 모서리를 가운데로 모아 준다.

  이때 네 개의 모서리가 같은 방향이 되도록 해 준다.

  모은 종이를 압정에 끼워 수수깡에 고정시킨다.

바람이 부는 곳에 있거나 손으로 흔들면 돌아간다.

친구들과 신나는 바람개비 놀이를 해 보자.

사용 카드

- 명사 3(위치): 가운데
- 명사 5(학용품): 색종이, 가위, 압정, 수수깡
- 명사 6(때 · 날씨): 바람
- 명사 8(신체부위): 손
- 서술어 2(수업시간): 만들다, 접다, 자르다
- 서술어 3(쉬기 외): 끼우다
- 서술어 4(여가): 돌아가다

활동절차: 중재 전략 및 유의사항

(1) 바람개비를 만들기 순서에 따라 만들기

- 아동에게 "○○이는 바람개비 본 적 있니?" "바람개비 알아?"라고 질문하면서 어떤 만들기 활동인지를 소개한다.
- 아동이 바람개비에 대해 모르면, "바람개비는 바람이 불면 돌아가는 놀잇감이야."라고 바람개비에 대해 알려 준다.

• "우리 함께 바람개비를 만들어 보자."와 같이 말하면서 아동과 함께 다음과 같은 순서대로 만들기 활동을 진행한다. 이때 그림 및 글자 카드를 만들기 순서에 따라 배열하면서 아동에게 다음과 같은 순서를 모델링 해 준다.

–색종이를 준비한다.

–색종이를 삼각형 모양으로 접었다 편다.

–반대쪽도 같은 방법으로 접었다 편다.

–가위로 네 개의 선을 따라 자른다.

–이때 가운데까지 자르지 말고, 끝부분을 남긴다.

–잘린 네 개의 모서리를 가운데로 모아 준다.

–이때 네 개의 모서리가 같은 방향이 되도록 해 준다.

–모은 종이를 압정에 끼워 수수깡에 고정시킨다.

–바람이 부는 곳에 있거나 손으로 흔들면 돌아간다.

• 앞의 활동을 순서대로 진행하면서 각 활동 순서별로 사진을 찍는다(또는 동영상 촬영을 한다).

• 활동을 마친 후 아동과 함께 만든 순서를 회상하며 순서판을 만들어 본다. '색종이, 색종이–접다, 가위–자르다, 가운데, 압정–끼우다–수수깡, 바람–돌아가다' 그림카드를 순서에 따라 배열한다.

순서	바람개비 만들기
1	색종이
2	색종이, 접다
3	가위, 자르다
4	가운데
5	압정, 끼우다, 수수깡
6	바람, 돌아가다

유의사항: 반복되는 카드가 필요한 경우 빈 카드에 적어 주거나 사물 모형으로 대체한다.

(2) 만들기 과정을 찍어 놓은 사진을 보며, 만드는 과정에 따라 배열하기

- 바람개비 만드는 과정을 찍은 사진을 섞어 놓고, 아동에게 만든 순서를 떠올리도록 유도한 후 순서에 따라 배열하도록 한다.

  (사진을 보여 주면서) "○○아, 우리가 바람개비 만드는 모습을 찍은 사진이야. 바람개비를 어떻게 만들었는지 생각해 보자. 어떤 순서로 만들었지? 우리가 만든 순서대로 사진을 놓아 보자."
- 사진이 없는 경우 (1)에서 만든 순서판을 다시 만들고, 순서를 확인한다.
- 아동이 순서에 따라 배열하기 어려워할 경우 "다음에는 뭐했지? 색종이를 편 다음에 어떻게 했지?"와 같은 구어적 단서를 제공하며 다음 순서를 회상하도록 도와준다.

(3) 사진과 그림카드를 보며 순서대로 연결하여 말하기

- 순서대로 배열된 사진이나 그림카드를 보며, 한 문장으로 말하기를 유도한다.

  (사진을 보여 주면서) "자, 지금부터 사진을 보며 바람개비를 어떻게 만들었는지 말해 보자."
- 아동이 사진에 있는 상황을 하나의 문장으로 말할 수 있도록 "이 사진은 뭐하고 있는 거지?"와 같이 질문을 하여 사진 한 장씩 설명할 수 있도록 유도한다.
- 아동이 사진을 보고 자발적으로 설명하기 어려워할 경우, "이거 뭐지? ○○를 어떻게 했지?"와 같은 구어적 단서를 제공하여 회상을 촉진한다.
- 아동이 사진을 보며 적절한 문장으로 말한 경우, 사진과 그림(글자)카드를 나란히 붙여 순서판을 만든다.

바람개비 만들기		
순서	사진 배열	그림(글자)카드 배열
1		색종이를 삼각형 모양으로 접었다 편다.
2		가위로 네 개의 선을 따라 자른다.
3		가운데는 자르지 말고, 끝부분을 남긴다.
4		네 개의 모서리를 같은 방향으로 접는다.
5		모은 종이를 압정에 끼워 수수깡에 고정시킨다.
6		바람 부는 곳에서 돌아가게 한다.

• 사진이나 그림(글자)카드를 보면서 각 문장을 연결하여 덩어리로 길게 말한다.

–"자, 이 순서판을 보면서 친구에게 바람개비 만드는 방법을 알려 줄 말을 연습해 보자!"

• 아동이 스스로 말하기 어려워하는 경우, 전체적인 내용을 먼저 모델링 해 준다.

〈말하기 예시〉

"먼저 색종이를 준비한다. 색종이를 삼각형 모양으로 접었다 편다. 반대쪽도 같은 방법으로 접었다 편다. 가위로 네 개의 선을 따라 자른다. 이때 가운데까지 자르지 말고 끝부분을 남긴다. 잘린 네 개의 모서리를 가운데로 모아 준다. 이때 네 개의 모서리가 같은 방향이 되도록 해 준다. 모은 종이를 압정에 끼워 수수깡에 고정시킨다. 바람이 부는 곳에 있거나, 손으로 흔들면 돌아간다."

• 아동이 도움을 주면 스스로 말할 수 있는 경우, "맨 처음에는 뭐했지?" "다음 순서는?"과 같은 구어적 촉진 단서를 제공해서 아동이 스스로 말하도록 유도한다. 이때 구어와 시각적 단서를 함께 제공해 줄 수 있다.

–아동이 촉진 단서에 의해 한 문장씩 산출했을 경우, 산출한 문장을 길게 연결해서 말하도록 한다.

유의사항: '삼각형' '모서리'와 같은 단어를 어려워하는 아동의 경우 '세모' '끝부분'과 같은 단어로 바꿔서 말할 수 있도록 유도한다.

(4) 만드는 과정에 따라 순서대로 말하기 구조를 갖춰 말하기

• 시작하기 단계에 무엇을 만드는 법에 대해 설명하는 것인지를 붙여 '소개하기–만들기 순서에 따라 설명하기'의 구조로 길게 말해 본다.

–"○○아, 그런데 처음 말할 때, 바람개비 만들기에 대해 알려 줄 것이라는 걸 먼저 말해 주면 어떨까? 뭐에 대해 알려 주려고 하는지 더 잘 알 수 있을 거 같아."

–예) "바람개비 만드는 방법에 대해 알려 주겠습니다."

(5) 자연스럽게 '이어 주는 낱말'을 붙여 좀 더 세련되게 말하기

- '–에 대해서 설명해 보겠습니다' '먼저–' '다음은–' '다음 순서는–' '이때–' '마지막으로–'와 같이 잇는 말을 넣어 좀 더 자연스럽게 연결될 수 있도록 연습해 본다.
- 아동이 길게 문장만을 나열할 때 중간중간 이어 주는 낱말을 필요한 부분에 강조하면서 추임새처럼 넣어 준다.
- 아동에게 추임새가 들어간 말을 모델링해 주면서 차이에 대해 이야기 나눈다.
- 아동에게 선생님이 친구라고 생각하고 길게 말해 보라고 유도한다.

(6) 순서판 없이 길게 이야기하기

- 순서판을 사용해서 길게 말하기 연습이 어느 정도 되었을 때, 순서판 없이 혼자 말할 수 있도록 유도한다.

아동 반응 및 중재 효과

- 아동이 각 단계에 해당하는 문장을 자발적으로 산출하기 어려워하는 경우, "이거 뭐지?" "○○를 어떻게 했지?"와 같은 구어적 단서를 제공하고, 그래도 어려워하는 경우 사진이나 그림(글자)판에서 해당 부분을 가리켜 시각적 단서를 추가한다.
- 아동이 만드는 순서를 회상하기 어려워할 경우 "다음에는 뭐했지?" "색종이를 자른 다음에 어떻게 했지?"와 같은 구어적 단서를 제공한다. 구어적 단서만으로 어려워할 경우 그림카드에서 특징에 해당하는 부분을 가리키는 시각적 단서를 추가 제공한다.
- 아동이 어떤 단서에서 산출했는지 해당 칸에 '+'로 표기한다.

바람개비 만들기				
순서		자발적 표현	구어적 단서	구어+시각적 단서
1	색종이를 삼각형 모양으로 접었다 편다.			
2	가위로 네 개의 선을 따라 자른다.			
3	가운데는 자르지 말고, 끝부분을 남긴다.			
4	네 개의 모서리를 같은 방향으로 접는다.			
5	모은 종이를 압정에 끼워 수수깡에 고정시킨다.			
6	바람 부는 곳에서 돌아가게 한다.			

- 덩이말 말하기에서 길게 연결하여 말하기 어려워할 경우 전체적인 덩이말을 모델링 해 준다.
- 모델링 후 아동에게 말하기를 유도하면서 다음 문장을 바로 연결하기 어려워하는 경우 구어 및 시각적 촉진 단서를 제공해 주고, '먼저–' '다음에–' '마지막으로–'와 같은 연결어를 사용한 촉진을 한다.
- '내용을 갖추었는가?' '말하기 구조에 맞게 설명하였는가?'를 3점 척도로 표기한다.

평가		2단계 이하	3~5단계	6단계 이상
내용	각 단계를 적절히 설명하였는가?			
평가		부적절	적절	아주 적절
말하기 구조	설명 대상을 소개하였는가?			
	만들기 순서에 맞게 적절히 설명하였는가?			
	이어 주는 말을 적절히 넣었는가?			

활용 사례– 만 7세 1개월(여)

- 아동은 안긴문장이 포함된 복문까지 표현 가능하나 일상적인 대화에서는 단문이나 이어진 문장을 주로 사용한다.
- 두세 문장을 연속해서 이야기할 수는 있으나, 간단한 경험 이야기에서 하나 정도의 에피소드를 구성해서 말할 수 있다.

• 간단한 사건 전달은 가능하나 복잡한 이야기의 경우 순서에 따라 이야기를 구성하는 데 어려움이 관찰된다.

바람개비 만들기				
순서		자발적	구어적 단서	구어+시각적 단서
1	색종이를 삼각형 모양으로 접었다 편다.	+		
2	가위로 네 개의 선을 따라 자른다.		+	
3	가운데는 자르지 말고, 끝부분을 남긴다.	+		
4	네 개의 모서리를 같은 방향으로 접는다.		+	
5	모은 종이를 압정에 끼워 수수깡에 고정시킨다.		+	
6	바람 부는 곳에서 돌아가게 한다.	+		

• 처음 시작 단계는 자발적으로 단계 설명이 가능하였으나 이후 과정은 구어적 단서에 의해서 순서를 연결하여 반응하였다.

평가		2단계 이하	3~5단계	6단계 이상
내용	각 단계를 적절히 설명하였는가?		+	
평가		부적절	적절	아주 적절
말하기 구조	설명 대상을 소개하였는가?		+	
	만들기 순서에 맞게 적절히 설명하였는가?		+	
	이어 주는 말을 적절히 넣었는가?	+		

• 카드 촉진을 받은 과정에 대해서는 자발적 반응이 나왔으나, 중간에 유의사항처럼 설명해야 하는 부분은 구어적 단서가 필요하였다.

• '설명 대상 소개하기-각 단계를 순서대로 말하기' 구조는 갖추었으나 '이때-'와 같은 이어 주는 말은 자발적 사용이 어려웠다.

응용하기

- 아동의 말을 녹음(또는 녹화)한 후 함께 들어본 뒤, 칭찬해 주고 모니터링 하기
  - 아동이 스스로 설명하는 내용을 녹음(녹화)한다.
  - 녹음된 내용을 아동과 함께 들어 보면서 순서판의 내용이 다 들어갔는지 이야기한다.
  - '설명 대상을 소개하였는가?' '만드는 순서에 맞게 적절히 설명하였는가?' '이어 주는 말을 적절히 넣었는가?' 등에 대해 아동과 이야기를 나눈다.
- 만드는 법 쓰기
  - 만들기 과정을 사진으로 찍고, 사진 밑에 해당 단계를 한두 문장으로 써 본다.

중재목표

06 병원의 종류를 나열하여 말할 수 있다

언어 수준

- 두세 문장 이상의 길이로 연결해서 말할 수 있으나 소주제에 따라 체계를 갖춰 말하기 어려워하는 아동
- 신체부위의 이름과 다양한 병원의 이름을 이해하고 표현할 수 있는 아동

언어 목표

- 병원의 유형에 따른 기능을 이해하고 표현할 수 있다.
- 나열하여 말하기의 구조를 갖춰 말할 수 있다
- 적절한 이어 주는 말을 사용할 수 있다.
- 언어 목표의 예시

  우리는 몸이 아프면 병원에 가야 합니다.

  그런데 아픈 곳에 따라 가야 하는 병원이 다릅니다.

  예방주사를 맞거나 배가 아플 때는 소아과에 가야 합니다.

  목이 아프거나, 귀와 코가 아프면 이비인후과에 갑니다.

  이가 아플 때는 치과에 가야 합니다.

  그리고 얼굴에 뭐가 나면 피부과에 갑니다.

  병원은 아픈 몸을 낫게 해 주는 고마운 곳입니다.

사용 카드

- 명사 6(공공장소): 병원, 소아과, 이비인후과, 치과, 피부과
- 명사 8(신체부위): 귀, 눈, 목, 이, 배, 코, 얼굴

활동절차: 중재 전략 및 유의사항

(1) 병원놀이하기

- 아동과 함께 병원놀이를 하면서 병원에서 어떤 일을 하는지에 대해 이야기를 나눈다.
  - "○○이는 병원에 가 본 적 있니? 병원에 가서 뭐했어?"
- 아동과 다양한 병원에 가 본 경험 이야기를 나눈다.
  - "선생님은 이가 너무 아파서 치과에 간 적 있는데, ○○이는 어떤 병원에 가 봤어?"
  - "병원도 여러 가지 종류가 있구나. 어떤 병원이 있을까?"

(2) 동네 지도 그리고 소개하기

- 병원의 종류를 동네 지도에 나타날 수 있게 동네 지도 그리기 활동을 한다.
  - "우리 동네에는 어떤 병원이 있지? 우리 동네에 있는 병원을 지도에 그려 보자."
- 동네 지도를 보며 병원이 어디에 있는지 소개하기 활동을 해 본다.

–"친구가 배가 아파서 병원에 가려고 하는데, 어느 곳을 가야 하는지 모른대. 배가 아프면 어떤 병원을 가야 하지? 어떤 병원에 가야 하는지를 알려 줘야겠구나."

–"그런데 그 병원은 어떻게 가야 하지? 병원 가는 길을 설명해야 해."

(3) 병원 이름과 해당 신체부위 연결하기

- 병원 종류와 해당하는 신체부위카드를 연결하면서 이야기를 나눈다.

–"병원마다 치료해 주는 곳이 다르네. 이가 아프면 어느 병원에 가야 하지? 그래, 치과에 가야 하는구나!"

- 병원 종류 카드와 신체부위카드를 뒤집어서 맞추기 놀이를 한다.

(4) 어휘망과 도식판 완성하기

- 그림(글자)카드를 이용해 병원의 종류와 관련된 신체부위를 연결하여 어휘망을 만든다.

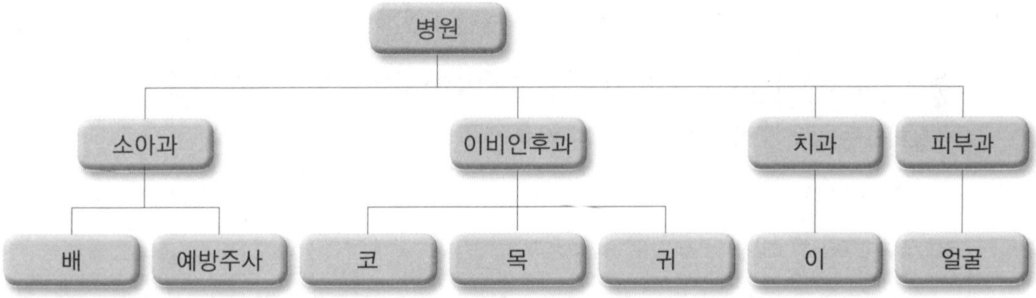

- 앞의 어휘망을 보면서 "○○가 아플 때는 ○○병원에 가요."와 같은 문장으로 병원 유형별로 말해 보도록 한다.
- 그림(글자)카드를 도식판에 붙이면서 병원의 종류를 정리해 본다.

소개하는 말	

병원 종류	아픈 곳
소아과	
이비인후과	
치과	
피부과	

정리하는 말	

(5) 설명 구조를 갖춰 길게 설명하기

- (4)에서 만든 도식판을 보면서 장소의 특징을 연결하여 길게 말하기를 연습한다.
  - "자, 이제 여러 가지 병원에 대해서 친구에게 알려 주어야 해."
  - "친구에게 어떤 때, 어떤 병원을 가야 할지 설명해 주자."
  - "우리가 만든 이 표를 보면서 길게 연결해서 이야기해 보자."
- 앞의 내용을 소개하는 내용을 시작하기 단계에 붙여 '설명 대상 소개하기–병원별 특징 말하기–정리하는 말하기'의 순서로 길게 말해 보기
  - "○○아, 그런데 처음 말할 때, 병원에 대해 소개할 거라는 걸 먼저 말해 주면 어떨까? 뭐에 대해 알려주려고 하는지 더 잘 알 수 있을 거 같아."
  - "그리고 지금까지 설명한 병원에 대해 정리하는 말을 마지막에 넣어 주면 좋을 거 같아."

(6) 자연스럽게 '이어 주는 낱말'을 붙여 좀 더 세련되게 말하기

- '–에 대해서 알아보자' '그런데, 그리고'와 같은 잇는 말을 넣어 좀 더 자연스럽게 연결될 수 있도록 연습해 본다.
- 아동이 길게 문장만을 나열할 때 중간중간 이어 주는 낱말을 필요한 부분에 강조하면서 추임새처럼 넣어 준다.
- 아동에게 추임새가 들어간 말을 모델링해 주면서 차이에 대해 이야기 나눈다.
- 아동에게 선생님이 동생이라고 생각하고 길게 말해 보라고 유도한다.

〈말하기 예시〉

"우리는 몸이 아프면 병원에 가야 합니다. 그런데 아픈 곳에 따라 가야 하는 병원이 다릅니다. 예방주사를 맞거나 배가 아플 때는 소아과에 가야 합니다. 목이 아프거나, 귀와 코가 아프면 이비인후과에 갑니다. 이가 아플 때는 치과에 가야 합니다. 그리고 얼굴에 뭐가 나면 피부과에 갑니다. 병원은 아픈 몸을 낫게 해 주는 고마운 곳입니다."

(7) 어휘망이나 도식판 없이 길게 이야기하기

- 어휘망이나 도식판을 사용해서 길게 말하기 연습이 어느 정도 되었을 때, 어휘망이나 도식판 없이 아동 혼자 말할 수 있도록 유도한다.

아동 반응 및 중재 효과

- 아동이 병원의 유형과 치료하는 신체부위를 자발적으로 말하기 어려워할 경우, 구어적 단서를 제공한다. 구어적 단서로도 적절하게 반응하지 않으면, 어휘망이나 도식판을 다시 보게 하여 시각적 단서로 촉진해 준다.
- 아동의 반응을 해당 칸에 '+'로 표기한다.

병원 종류	아픈 곳		
	아동 반응	구어적 단서	구어+시각적 단서
소아과			
이비인후과			
치과			
피부과			

- 덩이말 말하기에서 길게 연결하여 말하기 어려워할 경우 전체적인 덩이말을 모델링 해 준다.
- 모델링 후 아동에게 말하기를 유도하면서 다음 문장을 바로 연결하기 어려워하는 경우 구어 및 시각적 단서를 제공해 주고, '그런데'와 같은 연결어를 사용한 촉진을 한다.

• 아동이 말한 내용을 녹음(또는 녹화)해서 피드백 활동을 한다.

–아동과 함께 도식판에 정리한 내용과 혼자 말하기 한 내용을 비교하여 빠진 부분이 없는지 검토한다.

–'설명 대상 소개하기–병원별 특징 말하기–정리하는 말하기'의 틀에 맞게 말했는지 검토한다.

• '내용을 갖추었는가?' '말하기 구조에 맞게 설명하였는가?'를 3점 척도로 표기한다.

평가		부적절	적절	아주 적절
내용	병원의 종류를 적절히 말하였는가?			
	각 병원에서 치료하는 곳을 적절히 말하였는가?			
말하기 구조	설명 대상을 소개하였는가?			
	각 병원의 특징을 순서대로 말하였는가?			
	이어 주는 말을 적절히 넣었는가?			

활용 사례– 만 7세 2개월(남)

• 아동은 2~3 문장을 연결하여 말할 수는 있으나 조리 있게 내용을 전달하기 어려워한다.

• 각 단어를 이해하고 자발적으로 표현할 수 있다.

• 각 병원 유형별 하는 일에 대해서 아는 것과 모르는 것이 있다.

병원 종류	아픈 곳		
	아동 반응	구어적 단서	구어+시각적 단서
소아과		+	
이비인후과			+
치과	이		
피부과			+

• 그림카드를 보며 치과는 자발적으로 연결해서 표현했으나, 다른 병원 유형은 구어적 및 시각적 단서를 주었을 때 정반응하였다.

평가		부적절	적절	아주 적절
내용	병원의 종류를 적절히 말하였는가?		+	
	각 병원에서 치료하는 곳을 적절히 말하였는가?	+		
말하기 구조	설명 대상을 소개하였는가?	+		
	각 병원의 특징을 순서대로 말하였는가?		+	
	이어 주는 말을 적절히 넣었는가?	+		

- 병원의 종류는 적절히 말하였으나 각 병원에서 치료하는 곳을 연결시키는 것은 자발적으로 표현하기 어려워했다. 하지만 어휘망이나 도식판을 다시 보게 해서 단서를 제공했을 때는 적절히 연결해서 문장으로 말할 수 있었다.
- 병원과 하는 일을 길게 말할 수 있었으나 '설명 대상 소개하기–병원별 특징 말하기–정리하는 말하기'의 구조를 갖추는 것은 어려워 선생님이 구어적 단서를 제공한 후 적절히 표현할 수 있었다. 이어 주는 말의 사용도 구어적 단서를 제시한 후 표현하였다.

응용하기

- 직업에 따라 하는 일 말하기
  –직업 관련 카드를 활용하여 직업에 따라 하는 일이 다르다는 것을 나열의 방식으로 설명한다.

제5장

듣기와 함께하는 이야기와 설명 담화

중재목표

01

① 듣기- 낱말 수 또는 모음과 자음이 서로 다른 낱말을 변별할 수 있다
② 설명- 신체부위에 대해 범주와 성격을 포함하여 설명할 수 있다

언어 수준

- 3개 단어 조합 산출 가능, '설명하기' 시 한 낱말로 표현하는 아동

언어 목표

- 듣기-낱말 수 또는 모음과 자음이 서로 다른 낱말을 변별할 수 있다.
- 설명-신체부위에 대해 범주와 성격을 포함하여 설명할 수 있다.
- 언어 목표의 예시

  우리 몸에 있어요.

  두 개 있어요.

  손가락이 5개 있어요.

  손으로 박수쳐요.

  손으로 글씨 써요.

유의사항

- 듣기: 아동의 듣기 수준에 맞추어 음절 수 변별 또는 모음 변별, 자음 변별 과제를 선택한다.
- 이야기: 아동이 활동에 사용되는 어휘의 90% 이상을 알 때 이야기 및 기타 응용 과제를 실시한다.

사용 카드

- 명사 8(신체부위): 손, 손가락
- 명사 6(자연): 산
- 서술어 2(수업시간): 박수치다, 쓰다

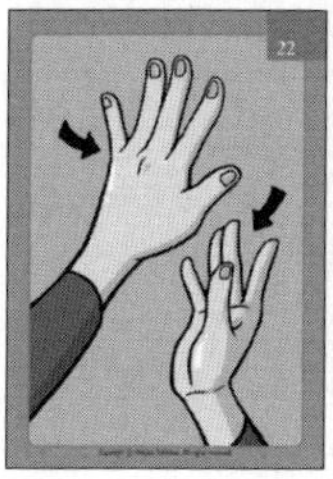
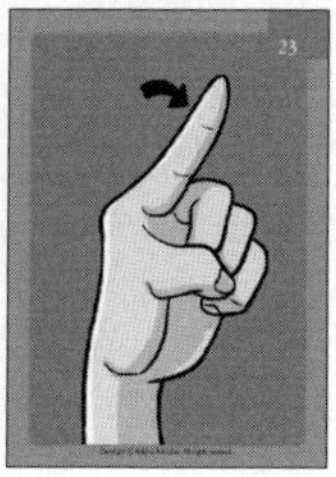

활동절차: 중재 전략 및 유의사항

(1) 듣기 활동

- 아동에게 변별할 낱말 짝 중 하나의 그림(글자)카드를 보여 주고 이름을 묻는다. 변별할 낱말 짝 1쌍(예: 손 vs. 산, 손가락 vs. 손)을 소개한 후, "이제 내가 이 중에서 하나를 말할 거야. 잘 듣고 어느 건지 골라 봐."라고 이야기한다.
  - 1음절 낱말 듣기: 선생님은 "손."이라고 말하고 아동의 반응을 기다린다.
  - 의문사 질문을 이용한 듣기: 선생님은 "○○아, '손' 어딨어?" 등의 의문문이나 지시문을 이용해 목표 단어를 제시하고 아동의 반응을 기다린다.
- 두 개의 단어를 불규칙하게 번갈아 제시하면서 과제를 여러 번 시행하고 아동의 반응을 기록한다.

유의사항: 아동이 평소 단독으로 제시된 소리를 변별할 수 있으면 1음절 낱말 듣기는 생략한다.

응용하기

- 의문사를 이용한 듣기가 쉽다면 의문사나 지시문의 문장 종류를 다양하게 해서 아동이 어려워하는 맥락이나 길이 또는 목표어의 위치가 있는지 파악한다.
- 의문사를 이용한 듣기가 쉽다면 목표로 하는 낱말의 수를 하나씩 늘려 듣고 고르게 한다.

(2) 설명하기

① 어휘 확인

- 아동이 고른 신체부위카드를 책상 위에 놓고 아동과 함께 '몸'의 일부분임을 확인한다. "오늘은 우리 이거(손) 이야기해 볼까?"라고 말하며 과제를 제시한다. 그리고 손과 관련한 우리말카드를 하나씩 함께 보면서 이야기한다.

('손가락' 그림카드를 제시하며) "이거 봐 봐. 뭐가 있지?"

(아동의 반응을 기다리고) "손가락."

(손가락을 가리키면서) "응, 손가락. 손에는 손가락이 있지."

- 앞과 같은 방법으로 손과 관련된 서술어카드도 확인한다.

예) "손으로 뭐해?" "박수쳐요." "손으로 박수쳐요."

② 설명하기 모델 들려주기

- 어휘 확인이 끝나면 선생님이 손의 범주, 모양, 기능을 보여 주는 카드를 책상 위에 놓은 채 아동에게 설명하는 이야기의 전체 모델을 보여 준다.

예) "자, 선생님이 이거 얘기해 볼게. 선생님이 끝나면 ◯◯이가 얘기해 줘. 잘 들어봐. 이거는 손이에요. 이거는 몸에 있구요, 사람은 2개 있어요. 손에는 손가락이 있어요. 사람들은 손으로 박수치고요. 그리고 글씨도 써요."

③ 스스로 말하기

- 선생님의 이야기 모델을 들은 뒤, 아동이 카드를 보며 혼자 이야기하도록 한다. 선생님은 "자, 이제 네 차례야. 선생님한테 네가 길게 얘기할 수 있는 만큼 얘기해 줘."라고 이야기하고 아동이 산출하는 이야기를 듣는다.
- 아동의 이야기가 끝나면 의문사를 이용해 '설명하기'에 포함된 상위 범주 개념(범주, 모양, 기능)을 함께 정리한다.

④ 단서 주기

- 몸짓 또는 첫음절 단서: 아동이 손으로 하는 행위의 서술어를 알고 있는데도 이야기하지 못하면 박수치는 흉내를 몸짓으로 보여 주거나 " 박-" 하고 첫음절을 이야기해 주는 등의 단서를 줄 수 있다.
- 선생님의 모델링: 그래도 아동이 어려워하면, "나는 손으로 박수쳐."라고 이야기하고 손으로 박수치는 흉내를 내며 "손으로 뭐 한다고?"라고 다시 묻는다.
- 이야기의 구성에 빠진 부분이 있다면 의문사를 이용해 어떤 내용이 포함되어야 하는지 묻는다.
- 단서를 주어서 이야기를 완성한 경우 전체를 스스로 다시 이야기하도록 격려한다.

(3) 듣고 고쳐 말하기

- 이야기 활동 후 아동이 각각의 문장을 말할 수 있으면, 고쳐 말하기 활동을 할 수 있다.
- 아동에게 한 문장씩 들려주고, 아동이 선생님의 말이 틀렸는지 맞았는지 맞추는 게임을 진행한다.

〈고쳐 말하기 예 ①〉

–선생님: 내가 얘기할 건데 잘 들어 봐. 그리고 맞았나 틀렸나 얘기해 줘.

–선생님: 사람들은 손가락이 두 개야. (아동의 반응을 기다린다.)

–아동: 틀렸어. (아동이 스스로 문장을 고치면 강화해 준다. 아니면 고쳐서 발화하도록 촉진한다.)

–선생님: 진짜 잘 들었다. 그럼 어떻게 말해야 돼?

–아동: 사람들은 손가락이 다섯 개야.

〈고쳐 말하기 예 ②〉

–선생님: 사람들은 손이 다섯 개야.

–아동: 맞았어.

–선생님: 뭐? 내가 뭐라고 말했는데?

–아동: 사람들은 손이 다섯 개야.

–선생님: 잘 들었네. ○○이는 손이 다섯 개야?

–아동: 아니야. 두 개야.

–선생님: 그럼 선생님이 맞아요, 틀려요?

–아동: 틀려요.

–선생님: 그렇지. 잘했어.

유의사항: 전체적인 활동의 진행 속도에 유의한다. 되도록 활발히 진행해서 아동이 흥미를 잃지 않도록 한다.

아동 반응 및 중재 효과

(1) 듣기 활동

① 1음절 낱말 듣기

	손	산	합계
다시 듣기			/2
모음 듣기			/3
오반응			/3

- 다시 듣기: "이건 '손'(쉬고). 나는 '산'(쉬고)이라고 말했는데? 소리가 똑같아?"라고 묻고 아동이 다시 듣고 고를 수 있도록 한다.
- 모음 듣기: 자음과 결합한 음절 듣기가 어려운 경우, "아" "우" 등 단어에 포함된 모음만 단독으로 들려주고 변별하게 한다. 모음 변별 과제에서 80% 이상 정반응을 보이면 다시 자음과 모음이 결합된 소리를 듣고 고를 수 있게 한다.

② 의문사 질문을 이용한 듣기

	손	산	합계
말 속도 조절			/2
1음절 낱말 듣기			/3
오반응			/3

- 말 속도 조절: 말 속도를 정상 범위 내에서 천천히 들려주고 아동이 고를 수 있게 한다. 아동의 수행이 80% 이상이면 말 속도를 정상 범위 내에서 빠르게 들려준다.
- 1음절 낱말 듣기: 의문사를 이용한 문장 듣기에서 목표 낱말의 변별이 어려운 경우, 목표 낱말만 따로 들려주어 아동이 고르게 한 후 말 속도를 조절하여 의문문 듣기를 다시 실시한다.

(2) 설명하기

목표 발화	아동 발화	의문사 질문 단서	몸짓 또는 첫음절 단서	모델링	오반응
1. 우리 몸에 있어요.					
2. 두 개 있어요.					
3. 손가락이 5개 있어요.					
4. 손으로 박수쳐요.					
5. 손으로 글씨 써요.					

- 목표 발화 대비 아동 발화를 적고 필요한 단서에 '+' 표시한다.

• 아동이 자발적으로 산출한 문장에 해당하는 그림카드를 치운 후 다시 설명하도록 해서 설명하기를 연습한다. 주제가 되는 그림카드(손)는 그냥 둔다. 이때 필요하면 전체 이야기를 다시 모델링 해 준다.

활용 사례– 만 5세 2개월(여)

• 아동은 심도 청각장애, 인공와우이식(좌) · 보청기(우) 착용, 일반유치원 통합 교육을 받고 있다.
  –수용어휘력검사: 25%ile
  –표현어휘력검사: 47%ile
  –구문의미이해력: 10%ile
  –듣기: 의문사 듣기 100%
• 이야기 활동을 시작할 때, "이거 뭐예요? 이거에 대해 얘기해 주세요."라는 요구에 "손이요."라고 대답하였다. 손과 관련된 어휘는 모두 알고 있으나, '설명하기'에 대한 개념이 없었다.
• 활동 후, "이거는 손이에요." 카드를 보며 '설명하기'가 가능하였다.

목표 발화	아동 발화	의문사 질문 단서	몸짓 또는 첫음절 단서	모델링	오반응
1. 우리 몸에 있어요.	+				
2. 두 개 있어요.	+				
3. 손가락이 5개 있어요.		+			
4. 손으로 박수쳐요.	+				
5. 손으로 글씨 써요.			+		

• 재발화한 그림카드를 치운 후 다시 말하게 했을 때, 단서나 모델링이 필요했던 문장을 스스로 발화하였다.
• 주제가 되는 그림카드(손)만 두고 모든 카드를 치운 후 다시 말하게 했을 때, 선생님의 몸짓 단서의 도움을 얻어 전체 이야기를 스스로 발화하였다.

응용하기

- 일반적으로 아동이 형식을 알기 시작하면, 하나의 기능 설명으로 시작해 게임처럼 선생님과 아동이 교대로 기능을 하나씩 늘려갈 수 있다[예: (이거는 몸에 있고요, 손가락이 5개 있어요.) 손으로 밥 먹어요 → ( ) 손으로 밥 먹고 글씨 써요 → ( ) 손으로 밥 먹고, 글씨 쓰고, 박수쳐요]. 게임 형식으로 진행할 경우, 아동이 이길 수 있도록 도와주고 게임을 끝낸다.
- 우리의 '신체부위'와 관련된 '발, 입' 그림카드도 이야기 활동에 활용할 수 있다.

중재목표 02

① 듣기- 모음과 자음이 서로 다른 낱말을 변별할 수 있다
② 설명- 신체부위에 대해 범주와 성격을 포함하여 설명할 수 있다

언어 수준

- 5개 단어 조합 이상 산출 가능한 아동

언어 목표

- 듣기-모음과 자음이 서로 다른 낱말을 변별할 수 있다.
- 설명-신체부위에 대해 범주와 성격을 포함하여 설명할 수 있다.
- 언어 목표의 예시

  우리 신체의 한 부분인데 몸 위쪽에 있어요.

  팔 끝에 달려 있고, 오른쪽 왼쪽 하나씩 모두 두 개예요.

  손에는 손가락이 5개씩 있고, 손가락 끝에는 손톱이 있어요.

  손의 바깥쪽은 손등이라고 하고, 안쪽은 손바닥이라고 해요.

  숟가락이나 색연필, 연필 같은 물건을 잡을 수 있어요.

  그리고 다른 사람들하고 악수를 하거나 박수를 칠 수 있어요.

유의사항

- 듣기: 아동의 듣기 수준에 맞추어 모음 변별이나 자음 변별 과제를 선택한다.
- 이야기: 아동이 활동에 사용되는 어휘의 90% 이상을 알 때 이야기 및 기타 응용 과제를 실시한다.

사용 카드

- 명사 8(신체부위): 손, 손가락, 손톱, 손등, 손바닥, 팔
- 서술어 2(수업시간): 박수치다
- 명사 6(자연): 산

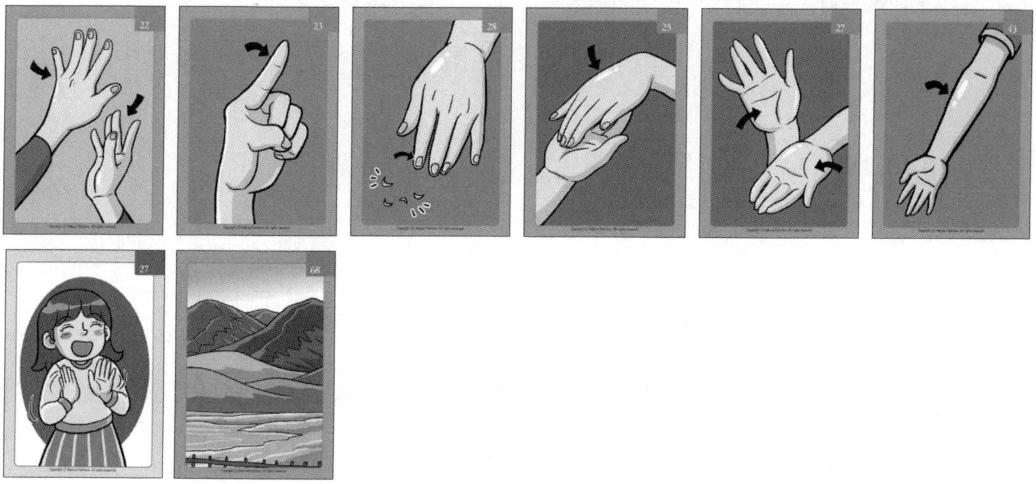

활동절차: 중재 전략 및 유의사항

(1) 듣기 활동

- 아동에게 변별할 낱말 짝 중 하나의 그림(글자)카드를 보여 주고 이름을 묻는다. 변별할 낱말 짝 1쌍을 소개한 후, "이제 내가 이 중에서 하나를 말할 거야. 잘 듣고 어느 건지 골라 봐."라고 이야기한다.
  - 1음절 낱말 듣기: 선생님은 "손."이라고 말하고 아동의 반응을 기다린다.
  - 의문사 질문을 이용한 듣기: 선생님은 "○○아, '손' 어딨어?" 등 의문문이나 지시문을 이용해 목표 단어를 제시하고 아동의 반응을 기다린다.

> **유의사항:** 아동이 평소 단독으로 제시된 소리를 변별할 수 있으면 1음절 낱말 듣기는 생략한다.

응용하기

- 의문사를 이용한 듣기가 쉽다면 의문사나 지시문의 문장 종류를 다양하게 해서 아동이 어려워하는 길이 또는 목표어의 위치가 있는지 파악한다.
- 두 개 중 하나를 고르는 과제가 쉽다면 여러 개의 카드를 한꺼번에 제시하고 아동의 듣기 기억 수준에 따라 여러 개의 단어를 한꺼번에 듣고 기억하여 고르게 한다.

(2) 설명하기

① 어휘 확인

- 아동이 고른 신체부위카드와 이야기에 사용될 카드를 책상 위에 놓고 "오늘은 우리 이거(손)에 대해서 이야기해 볼까?"라고 말하며 과제를 제시한다. 그리고 카드를 하나씩 함께 보면서 아동이 해당 어휘를 산출하게 하여 어휘를 확인한다.

('손가락' 그림카드를 제시하며) "이거는 뭐야?"

('박수치다' 그림카드를 제시하며) "이거는 뭐하는 그림이야?"

(아동의 반응을 기다리고) "손가락이요."

(아동의 반응을 기다리고) "박수치고 있어요."

② 설명하기 모델 들려주기

- 어휘 확인이 끝나면 선생님이 손의 범주, 모양, 기능을 보여 주는 카드를 책상 위에 놓은 채 아동에게 설명하는 이야기의 전체 모델을 보여 준다.

예) "자, 선생님이 이거 얘기해 볼게. 선생님이 끝나면 ◯◯이가 얘기해 줘. 잘 들어봐. 이거는 손이에요. 우리 신체의 한 부분인데 몸 위쪽에 있어요. 팔 끝에 달려 있고, 오른쪽 왼쪽 하나씩 모두 두 개예요. 손에는 손가락이 5개씩 있고, 손가락 끝에는 손톱이 있어요. 손의 바깥쪽은 손등이라고 하고, 안쪽은 손바닥이라고 해요. 숟가락이나 색연필, 연필 같은 물건을 잡을 수 있어요. 그리고 다른 사람들하고 악수를 하거나 박수를 칠 수 있어요."

③ 스스로 말하기

- 선생님의 이야기 모델을 들은 뒤, 아동이 카드를 보며 혼자 이야기하도록 한다. 선생님은 "자, 이제 네 차례야. 선생님한테 네가 길게 얘기할 수 있는 만큼 얘기해 줘."라고 이야기하고 아동이 산출하는 이야기를 듣는다.
- 아동의 이야기가 끝나면 의문사를 이용해 '설명하기'에 포함된 상위 범주 개념(범주, 모양, 기능)을 함께 정리한다.

④ 단서 주기

- 의문사 질문: 아동이 범주나, 모양, 기능 중 일부를 빠뜨렸다면 다시 물어본다("어디에 속한 거야?" "어떻게 생겼지?" "○○로 뭐하지?" 등). 아동이 대답하면, "그래, 그것도 같이 얘기해 줘. 다시 한 번 얘기해 볼까?"라고 전체를 다시 설명할 수 있도록 요구한다.
- 선생님의 모델링: 그래도 아동이 어려워하면, "나는 손으로 숟가락도 잡고 색연필도 잡아."라고 이야기한 후, "손으로 뭐 한다고?"라고 다시 물어 아동이 선생님의 모델링을 모방하도록 한다.

(3) 듣고 고쳐 말하기

- 이야기 활동 후 고쳐 말하기 활동을 할 수 있다.
- 아동에게 한 문장씩 들려주고, 아동이 선생님의 말이 틀렸는지 맞았는지 맞추는 게임을 진행한다.

〈고쳐 말하기 예 ①〉

–선생님: 내가 얘기할 건데 잘 들어봐. 그리고 맞았나 틀렸나 얘기해 줘.

–선생님: 손은 우리 신체의 한 부분인데, 몸 아래쪽에 있어요. (아동의 반응을 기다린다.)

–아동: 틀렸어. (아동이 스스로 문장을 고치면 강화해 준다. 아니면 고쳐서 발화하도록 촉진한다.)

–선생님: 그럼 어떻게 말해야 돼?

–아동: 몸 위쪽에 있어요.

〈고쳐 말하기 예 ②〉

–선생님: 손가락 끝에는 팔이 달려 있는데, 손가락은 모두 5개씩 있어요.

–아동: 맞았어.

–선생님: 뭐? 내가 뭐라고 말했는데?

–아동: 팔 끝에는 손가락이 달려 있는데, 손가락은 모두 5개예요.

–선생님: 아니야. 다시 잘 들어 봐. (쉬고) 손가락 끝에는 팔이 달려 있는데, 손가락은 모두 5개씩 있어요.

–아동: 틀렸어요.

–선생님: 그래? 내가 뭐라고 말했는데?

–아동: 팔이 손가락 끝에 달려 있다고.

–선생님: 그래, 그럼 네가 고쳐서 다시 말해 볼래? 내가 말한 거 전부 다 얘기해 줘.

–아동: 팔 끝에 손이 있고, 손에 손가락이 있는데, 손가락은 모두 5개씩 있어요.

유의사항: 진행 속도에 유의한다. 되도록 활발히 진행해서 아동이 흥미를 잃지 않도록 한다.

아동 반응 및 중재 효과

(1) 듣기 활동

① 1음절 낱말 듣기

	손	산	합계
다시 듣기			/2
모음 듣기			/2
오반응			/2

- 다시 듣기: "이건 '손' (쉬고). 나는 '산' (쉬고) 이라고 말했는데? 소리가 똑같아?"라고 묻고 아동이 다시 듣고 고를 수 있도록 한다.
- 모음 듣기: 자음과 결합한 음절 듣기가 어려운 경우, "오" "아" 등 단어에 포함된 모음만 단독으로 들려주고 변별하게 한다. 모음 변별 과제에서 80% 이상 정반응을 보이면 다시 자음과 모음이 결합된 소리를 듣고 고를 수 있게 한다.

② 의문사 질문을 이용한 듣기

- 예: "○○아, 이 중에 손이 어딨는지 찾아볼래?"

	손	산	합계
말 속도 조절			/2
오반응			/2

- 말 속도 조절: 자연스러운 말 속도로 과제를 제시한다. 아동의 수행에 따라 말 속도를 정상 범위 내에서 천천히 또는 빠르게 변형하여 들려주고 아동이 고를 수 있게 한다.

(2) 설명하기

목표 발화	아동 발화	의문사 질문 단서	모델링	오반응
1. 우리 신체의 한 부분인데 몸 위쪽에 있어요.				
2. 팔 끝에 달려 있고, 오른쪽 왼쪽 하나씩 모두 두 개예요.				
3. 손에는 손가락이 5개씩 있고, 손가락 끝에는 손톱이 있어요.				
4. 손의 바깥쪽은 손등이라고 하고, 안쪽은 손바닥이라고 해요.				
5. 숟가락이나 색연필, 연필 같은 물건을 잡을 수 있어요.				
6. 그리고 다른 사람들하고 악수를 하거나 박수를 칠 수 있어요.				

• 목표 발화 대비 아동 발화를 적고 필요한 단서에 '+' 표시한다.

• "어디에 있는지?" "어떻게 생겼는지?" "뭐하는지?" 등을 이용한 질문이나 정리를 통해 '설명하기'에 포함되어야 할 개념들을 확인한다.

• 아동이 자발적으로 산출한 문장에 해당하는 카드를 치운 후 다시 설명하도록 해서 '설명하기'를 연습한다. 주제가 되는 그림카드(손)는 그냥 둔다. 이때 필요하면 전체 이야기를 다시 모델링 해 준다.

활용 사례– 만 6세 2개월(여)

• 아동은 심도 청각장애, 인공와우이식(우) 착용, 일반유치원 통합 교육을 받고 있다.

–수용어휘력검사: 68%ile

–표현어휘력검사: 86%ile

–구문의미이해력: 75%ile

–듣기: 의문사 듣기 100%

• 이야기 활동 전, '손'에 대해 설명하게 했을 때, "물건도 잡을 수 있고, 밥도 먹고요. 몰라요."라고 대답하였다. '손'의 범주, 모양, 기능을 묻는 질문에 대해 모두 대답 가능하였으나 전체를 설명하는 것을 어려워하였다.

• 활동 후, 의문사 질문이나 모델링의 도움이 있을 때 카드를 보며 설명하기가 가능하였다.

목표 발화	아동 발화	의문사 질문 단서	모델링	오반응
1. 우리 신체의 한 부분인데 몸 위쪽에 있어요.	+			
2. 팔 끝에 달려 있고, 오른쪽 왼쪽 하나씩 모두 두 개예요.			+	
3. 손에는 손가락이 5개씩 있고, 손가락 끝에는 손톱이 있어요.		+		
4. 손의 바깥쪽은 손등이라고 하고, 안쪽은 손바닥이라고 해요.		+		

5. 숟가락이나 색연필, 연필 같은 물건을 잡을 수 있어요.	+			
6. 그리고 다른 사람들하고 악수를 하거나 박수를 칠 수 있어요.	+			

• 재발화한 그림카드를 치우고 다시 이야기하게 했을 때, 나머지 그림카드를 보며 선생님의 도움 없이 설명하기가 가능하였다.

응용하기

• 활동이 끝난 후 다른 신체부위에 대해서 설명하도록 하여 '설명하기'의 형식을 연습하도록 할 수 있다.

• 다른 범주의 낱말에 대해 기능을 포함하여 설명하도록 연습한다.

중재목표 03

① 듣기- 낱말 수 또는 모음과 자음이 서로 다른 낱말을 변별할 수 있다
② 이야기- 아동의 경험을 에피소드를 갖추어 이야기할 수 있다

언어 수준

- 3~4개 단어 조합 산출 가능한 아동
- 이야기를 할 때 연결어미 '-고'를 이용한 서술어 연결과 이야기의 배경과 내적 반응에 대해서만 표현이 가능한 아동

언어 목표

- 듣기-낱말 수 또는 모음과 자음이 서로 다른 낱말을 변별할 수 있다.
- 이야기-아동의 경험을 에피소드를 갖추어 이야기할 수 있다.
- 언어 목표의 예시

  엄마랑 마트에 갔어요.
  나는 사과가 먹고 싶었어요.
  사과를 바구니에 담았어요.
  줄 서고 돈을 내고 샀어요.
  그래서 기분이 좋았어요.

유의사항

- 듣기: 아동의 듣기 수준에 맞추어 음절 수 변별 또는 모음/자음 변별 과제를 선택한다.
- 이야기: 아동이 활동에 사용되는 어휘의 90% 이상을 알 때 이야기 및 기타 응용 과제를 실시한다.

사용 카드

–듣기 활동

- 명사 9(과일 · 열매): 귤, 감, 밤
- 명사 9(채소): 오이
- 명사 9(음식): 우유
- 서술어 2(쉬는 시간): 가다
- 서술어 3(요리): 먹다
- 서술어 4(거리): 줄서다
- 서술어 1(정서감정어): 좋다

–이야기하기

- 명사 9(과일 · 열매): 사과
- 명사 6(상점 및 편의시설): 마트
- 명사 5(생활용품): 돈
- 서술어 5(마트): 담다, 사다

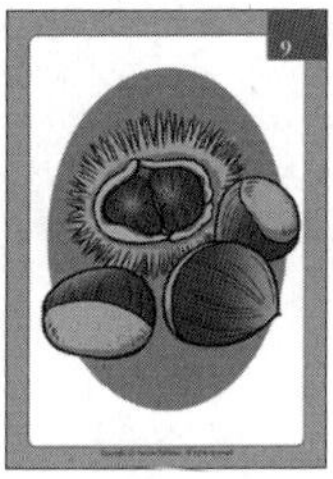
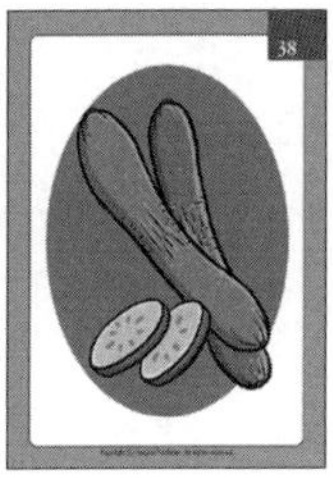

활동절차: 중재 전략 및 유의사항

(1) 듣기 활동

- 아동에게 이야기에 포함된 명사와 서술어카드 중 변별 확인할 2개의 카드를 보여 주고 이름을 물어본다. 확인한 다음 "이제 선생님이 2개 카드 중에서 하나를 말할 거야, ○○이가 잘 듣고 선생님이 무엇을 말하는지 골라 봐."라고 이야기한다.
- 선생님은 아동에게 2개의 카드 중 하나의 단어를 말한 후 아동의 반응을 기다린다.
- "마트에서 ○○ 사요." 문장을 이용한 듣기: 아동에게 "마트에서 ○○ 사요." 문장을 이용해 목표 단어를 제시하고 아동의 반응을 기다린다.

유의사항: "마트에서 ○○ 사요."가 쉽다면 목표 단어의 수를 점진적으로 늘려가며 시행한다 (예: 마트에서 ○○, △△ 사요).

(2) 이야기하기

- 경험 말하기: 아동과 마트에 가 본 경험에 대해 이야기를 나눈다.
  - 이때 아동이 이야기 산출을 어려워한다면 선생님이 "누구, 언제, 무엇을" 등과 같은 의문사 질문을 하여 아동의 산출을 유도한다.

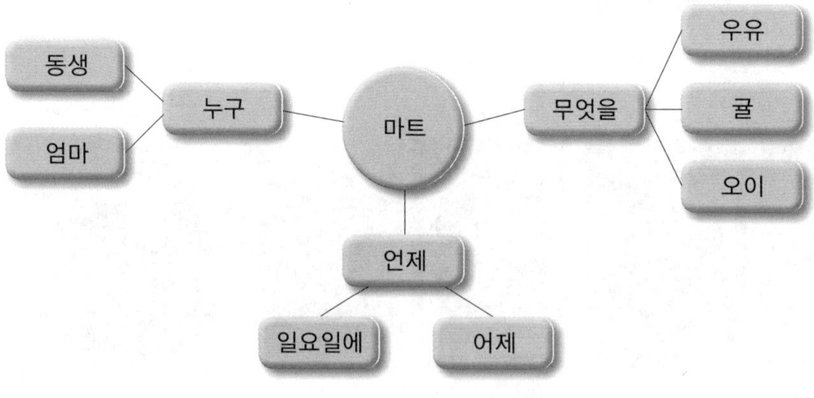

–선생님의 의문사 질문에 대해서도 산출을 어려워한다면 선생님이 먼저 마트에 가 본 경험을 말해 준다.

• 아동과 함께 마트에 가 본 경험을 이야기 나눈 후, 선생님은 다음과 같이 '마트 이야기' 그림카드를 순서대로 배열하여 아동에게 제시한다.

–선생님은 아동에게 그림카드를 보게 한 후, 한 장면씩 이야기를 하게 한다.

–아동이 산출을 어려워할 경우, 선생님이 "누구, 어디, 뭐, 어떻게" 등과 같은 의문사 질문을 통해 아동의 산출을 유도한다.

–아동이 산출을 어려워 할 경우 선생님이 각 그림카드에 대해서 이야기를 들려준 후 다시 말하도록 유도한다.

유의사항: '마트'와 관련된 어휘를 아는지 확인하고, 아동이 모를 경우 어휘를 알려 주고 확인시켜 준다.

배경	엄마랑 마트에 갔어요.
계기 사건	나는 사과가 먹고 싶었어요.
시도	사과를 바구니에 담았어요.
결과	줄 서고 돈을 내고 샀어요.
내적 반응	그래서 기분이 좋았어요.

• 다시 혼자 이야기하기: 선생님의 도움으로 그림카드에 대해 이야기를 나눈 후, 아동 혼자 이야기를 하도록 한다.

–아동이 혼자 이야기를 산출하는 것이 어려울 경우, 선생님이 "누구랑 갔어?" "뭐가 먹고 싶었어?" "사과를 담고 어떻게 했어?" "기분이 어땠어?" 등과 같은 질문을 통해 아동에게 단서를 주어 산출할 수 있도록 한다.

–아동이 선생님의 단서에도 어려움을 보일 경우, 선생님은 아동에게 모델링을 보여 주고 아동이 다시 말할 수 있도록 도와준다.

아동 반응 및 중재 효과

(1) 듣기 활동

① 낱말 변별 확인

• 이야기 산출 전 이야기 그림카드와 관련된 어휘를 들려주고 변별 확인 활동을 한다.

	낱말 변별 확인 쌍	아동 반응(AO, AV)
1	귤 / 사과	
2	오이 / 우유	
3	감 / 밤	
4	가다 / 사다	
5	담다 / 먹다	
6	줄 서다 / 좋다	

② "마트에서 ○○ 사요" 문장을 이용한 듣기

• 선생님은 아동에게 "마트에서 ○○ 사요." 문장을 이용해 사용 그림카드에 있는 단어들을 골라서 목표 단어를 들려준 후 아동의 반응을 기다린다.

	어휘 목록	아동 반응
1	귤	
2	오이	
3	사과	
4	우유	
5	감	
6	밤	

(2) 이야기하기

자발 산출		다시 혼자 이야기하기	
배경			
계기 사건			
시도			
결과			
내적 반응			

활용 사례- 5세 2개월(여)

- 아동은 심도 청각장애, 듣기연령 3년 2개월, 인공와우이식(좌) · 보청기(우) 착용, 일반유치원 통합 교육을 받고 있다.

  -수용어휘력검사: 25%ile

  -표현어휘력검사: 47%ile

  -구문의미이해력: 10%ile

(1) 듣기 활동

① 낱말 변별 확인

	낱말 변별 확인 쌍	아동 반응(AO, AV)
1	귤 / 사과	+
2	오이 / 우유	+
3	감 / 밤	−+−
4	가다 / 사다	+++
5	담다 / 먹다	+++
6	줄 서다 / 좋다	+

- 음절 수가 다른 낱말이나 변별이 쉬운 자음의 경우 AO 조건으로(듣기만으로) 100% 변별 가능하였다.
- 조음 방법이 같고 조음 위치가 다른 자음의 변별은 어려워하였다.

② "마트에서 ○○ 사요" 문장을 이용한 듣기

	어휘 목록	아동 반응
1	귤	+
2	오이	+
3	사과	+
4	우유	+
5	감	−−
6	밤	−+

- 운반구(예: 마트에서 ○○사요)를 이용했을 때 모두 듣고 변별 가능하였으나, 낱말 듣기에서 어려움을 보인 '감/밤'의 변별은 어려워하였다.

(2) 이야기하기

자발 산출		다시 혼자 이야기하기	
배경	−		+
계기 사건	−		+
시도	+		+
결과	+		+
내적 반응	−		+

- 활동 전 자발 산출한 과제에서 배경, 계기 사건, 내적 반응을 이야기하는 것이 어려웠으나, 선생님의 모델링 후 카드를 보며 이를 포함하여 이야기하는 것이 가능하였다.
- 아동이 모든 이야기 문법을 산출하는 것이 가능하므로 '언제'를 포함하여 배경 정보를 확장시킬 예정이다.

응용하기

- 마트와 관련해 다른 경험들("마트에서 재밌었던 일 있었니?" "마트에서 혼난 적 있니?" 등)에 대해서 이야기를 한다.

중재목표

① 듣기- 모음과 자음이 서로 다른 낱말을 변별할 수 있다
② 이야기- 아동의 경험을 에피소드를 갖추어 이야기 할 수 있다

언어 수준

- 5개 단어 조합 이상 산출 가능한 아동

언어 목표

- 듣기-모음과 자음이 서로 다른 낱말을 변별할 수 있다
- 이야기-아동의 경험을 에피소드를 갖추어 이야기할 수 있다
- 언어 목표의 예시

엄마랑 나는 장을 보러 마트에 갔어요.
나는 수박이 먹고 싶어서 엄마한테 사 달라고 했어요.
우리는 수박을 사러 갔는데, 다 팔리고 없었어요.
수박이 없어서 나는 실망했어요.
엄마는 그 대신 사과를 먹자고 하셨어요.
우리는 사과를 골라서 카트에 담았어요.
우리는 집에 와서 사과를 먹었어요.
사과가 맛있어서 나는 아주 행복했어요(기분이 좋았어요).

유의사항

- 듣기: 아동의 듣기 수준에 맞추어 모음/자음 변별 과제를 선택한다.
- 이야기: 아동이 활동에 사용되는 어휘의 90% 이상을 알 때 이야기 및 기타 응용 과제를 실시한다.

사용 카드

-듣기 활동

- 명사 9(과일 · 열매): 감, 밤, 포도, 호두
- 명사 9(음식): 김
- 서술어 2(쉬는 시간): 가다
- 서술어 3(요리): 먹다
- 서술어 1(반대말): 없다
- 서술어 1(정서감정어): 실망하다, 행복하다

-이야기하기

- 명사 9(과일 · 열매): 사과, 수박
- 명사 6(상점 및 편의시설): 마트
- 서술어 5(마트): 고르다, 사다, 담다

활동절차: 중재 전략 및 유의사항

(1) 듣기 활동

- 이야기 활동에 쓰일 카드를 제시하고 아동에게 이름을 말하게 한다.
- 아동에게 이야기에 포함된 명사와 서술어 낱말카드 중 변별 확인할 2개의 카드를 제시하고 "이제 선생님이 2개 카드 중에서 하나를 말할 거야. ◯◯이가 잘 듣고 선생님이 무엇을 말하는지 골라 봐."라고 이야기한다.
- 선생님은 아동에게 2개의 카드 중 하나의 단어를 말한 후 아동의 반응을 기다린다.
- "마트에서 ◯◯ 사요." 문장을 이용한 듣기: 아동에게 "마트에서 ◯◯ 사요." 문장을 이용해 목표 단어를 제시하고 아동의 반응을 기다린다.

유의사항

- 아동의 수행에 따라 목표 단어의 수를 점진적으로 늘려 가며 시행한다(예: "마트에서 ○○, △△, □□, ◇◇ 사요").
- 아동이 50% 이상 듣고 기억할 수 있는 단어의 수를 기록하고 다음 회기에서는 그 단어의 수에서 과제를 시작한다.

(2) 이야기하기

- 경험 말하기: 아동과 마트에 가 본 경험에 대해 이야기를 나눈다.
  - 이때 아동이 이야기 산출을 어려워한다면 선생님이 "누구랑, 언제, 무엇을" 등과 같은 의문사 질문을 하여 아동의 산출을 유도한다.

–선생님의 의문사 질문에 대해서도 산출을 어려워한다면 선생님이 먼저 마트에 가 본 경험(예: 수박을 사러 갔는데 없어서 사과를 산 경험)을 말해 준다.

• 아동과 함께 마트에 가 본 경험을 이야기 나눈 후, 선생님은 다음과 같이 '마트 이야기' 그림카드를 순서대로 배열하여 아동에게 제시한다.

–선생님은 아동에게 그림카드를 보게 한 후, 한 장면씩 이야기를 하게 한다.

–아동이 산출을 어려워할 경우, 선생님이 "누구, 어디, 뭐, 어떻게" 등과 같은 의문사 질문을 통해 아동의 산출을 유도한다.

–아동이 산출을 어려워할 경우 선생님이 각 그림카드에 대해서 이야기를 들려준 후 다시 말하도록 유도한다.

유의사항: '마트'와 관련된 어휘를 아는지 확인하고, 아동이 모를 경우 어휘를 알려 주고 확인시켜 준다.

일화 1	배경	엄마랑 나는 장을 보러 마트에 갔어요.
	계기 사건	나는 수박이 먹고 싶어서 엄마한테 사 달라고 했어요.
	시도, 결과	우리는 수박을 사러 갔는데, 다 팔리고 없었어요.
	내적 반응	수박이 없어서 나는 실망했어요.
일화 2	계기 사건	엄마는 그 대신 사과를 먹자고 하셨어요.
	시도	우리는 사과를 골라서 카트에 담았어요.
	결과	우리는 집에 와서 사과를 먹었어요.
	내적 반응	사과가 맛있어서 나는 아주 행복했어요(기분이 좋았어요).

• 다시 혼자 이야기하기: 선생님의 도움으로 그림카드에 대해 이야기를 나눈 후, 아동 혼자 이야기를 하도록 한다.

–아동 혼자 이야기를 산출하는 것이 어려울 경우, 치료사가 "누구랑 갔어?" "뭐가 먹고 싶었어?" "사과를 담고 어떻게 했어?" "기분이 어땠어?" 등과 같은 질문을 통해 아동에게 단서를 주어 산출할 수 있도록 한다.

–아동이 선생님의 단서에도 어려움을 보일 경우, 선생님은 아동에게 모델링을 보여 주고 아동이 다시 말할 수 있도록 도와준다.

아동 반응 및 중재 효과

(1) 듣기 활동

① 낱말 변별 확인

• 이야기 산출 전 이야기 그림카드와 관련된 어휘를 들려주고 변별 확인 활동을 한다.

	낱말 변별 확인 쌍	아동 반응(AO, AV)
1	감 / 김	
2	수박 / 사과	
3	감 / 밤	
4	포도 / 호두	
5	가다 / 사다	
6	먹다 / 없다	
7	담다 / 먹다	
8	행복하다 / 실망하다	

② "마트에서 ○○ 사요" 문장을 이용한 듣기

• 선생님은 아동에게 "마트에서 ○○ 사요." 문장을 이용해 사용 그림카드에 있는 단어들을 골라서 목표 단어를 들려준 후 아동의 반응을 기다린다.

	단어의 수 (명사)	아동 반응
1	1개	
2	2개	
3	3개	
4	4개	
5	5개	

(2) 이야기하기

자발 산출			다시 혼자 이야기하기
일화 1	배경		
	계기 사건		
	시도, 결과		
	내적 반응		
일화 2	계기 사건		
	시도		
	결과		
	내적 반응		

활용 사례- 만 6세 2개월(여)

- 아동은 심도 청각장애, 듣기연령 4년 10개월, 인공와우이식(우) 착용, 일반유치원 통합 교육을 받고 있다.

  –수용어휘력검사: 68%ile

  –표현어휘력검사: 86%ile

  –구문의미이해력: 75%ile

(1) 듣기 활동

① 낱말 변별 확인

	낱말 변별 확인 쌍	아동 반응(AO, AV)
1	감 / 김	+
2	수박 / 사과	+
3	감 / 밤	–
4	포도 / 호두	+
5	가다 / 사다	+
6	먹다 / 없다	+
7	담다 / 먹다	+
8	행복하다 / 실망하다	+

- AO 조건으로도(듣기만으로도) 대부분의 모음과 자음 변별이 가능하나 '감/밤'의 변별은 어려워하였다.
- AV 조건으로(입을 보고 듣게 했을 때는) '감/밤' 변별이 가능하였다.

② "마트에서 ○○ 사요" 문장을 이용한 듣기

	단어의 수 (명사)	아동 반응(AO)
1	1개	100%
2	2개	100%
3	3개	100%
4	4개	90%
5	5개	60%

- 목표 단어를 5개 제시했을 때 60% 수행하였다.

(2) 이야기하기

자발 산출			다시 혼자 이야기하기
일화 1	배경	+	+
	계기 사건	+	+
	시도, 결과	+	+
	내적 반응	−	+
일화 2	계기 사건	−	+
	시도	+	+
	결과	+	+
	내적 반응	−	+

- 활동 전 자발 산출한 과제에서 일화를 완전하게 산출하는 것을 어려워하였다. 특히 내적 반응 산출이 전혀 없었다.
- 카드를 보며 상황에 맞는 감정을 묻고 아동이 스스로 생각해서 표현하도록 연습하였다.
- 활동 후 카드를 보며 내적 반응과 계기 사건을 포함하여 완전한 일화를 표현하는 것이 가능하였다.
- 아동의 경험을 반영하여 사고 싶었던 물건과 대체했던 물건을 바꾸어 카드 없이 이야기를 산출하도록 하였다.

응용하기

- 2개의 일화가 포함될 수 있는 있는 경험들(가족 여행, 생일 초대 등)을 주제로 완전한 일화를 표현할 수 있도록 활동을 확장한다.

담화 편 사용 낱말 목록

*'우리말카드'에서 제시된 번호이다.

	낱말	낱말 통 번호
1	가다	서술어 2
2	가볍다	서술어 1
3	가운데	명사 3
4	가위	명사 5
5	감	명사 9
6	감자	명사 9
7	거실	명사 4
8	고구마	명사 9
9	고르다	서술어 5
10	귀	명사 8
11	귤	명사 9
12	기도하다	서술어 4
13	기쁘다	서술어 1
14	길다	서술어 1
15	김	명사 9
16	까다	서술어 3
17	끼우다	서술어 3
18	나무	명사 7
19	냉장고	명사 4
20	놓다	서술어 3
21	눈	명사 8
22	다르다	서술어 1
23	담다	서술어 5
24	당근	명사 9
25	덥다	서술어 1
26	돈	명사 5
27	돌아가다	서술어 4
28	들다	서술어 2
29	따르다	서술어 3

	낱말	낱말 통 번호
30	똑같다	서술어 1
31	뜨겁다	서술어 1
32	마시다	서술어 3
33	마트	명사 6
34	만들다	서술어 2
35	많다	서술어 1
36	말리다	서술어 2
37	먹다	서술어 3
38	목	명사 8
39	무겁다	서술어 1
40	미안하다	서술어 1
41	바나나	명사 9
42	바람	명사 6
43	박수치다	서술어 2
44	밤	명사 9
45	배	명사 8
46	배추	명사 9
47	병원	명사 6
48	부엌	명사 4
49	붓다	서술어 3
50	블록	명사 5
51	빼다	서술어 5
52	사과	명사 9
53	사다	서술어 5
54	사탕	명사 9
55	산	명사 6
56	색종이	명사 5
57	세면대	명사 4
58	소아과	명사 6

59	소파	명사 4
60	손	명사 8
61	손가락	명사 8
62	손등	명사 8
63	손바닥	명사 8
64	손톱	명사 8
65	수박	명사 9
66	수수깡	명사 5
67	수영장	명사 6
68	식탁	명사 4
69	실망하다	서술어 1
70	싱크대	명사 4
71	싸우다	서술어 2
72	썩다	서술어 5
73	쓰다	서술어 2
74	압정	명사 5
75	얼굴	명사 8
76	없다	서술어 1
77	여름	명사 6
78	오이	명사 9
79	옷장	명사 4
80	욕조	명사 4
81	우유	명사 9
82	유치원	명사 6
83	이	명사 8
84	이비인후과	명사 6
85	자동차	명사 1
86	자르다	서술어 2
87	작다	서술어 1
88	전자레인지	명사 4
89	접다	서술어 2
90	조르다	서술어 5
91	좋다	서술어 1
92	줄서다	서술어 4
93	즐겁다	서술어 1
94	짧다	서술어 1
95	치과	명사 6
96	침대	명사 4
97	칼	명사 4
98	컵	명사 4
99	코	명사 8
100	코코아	명사 9
101	콩	명사 9
102	크다	서술어 1
103	크리스마스	명사 6
104	텔레비전	명사 4
105	토끼	명사 7
106	팔	명사 8
107	포도	명사 9
108	피부과	명사 6
109	행복하다	서술어 1
110	호두	명사 9
111	호랑이	명사 7
112	혼나다	서술어 2
113	화장실	명사 4
114	화해하다	서술어 2
115	아빠	명사 2
116	엄마	명사 2
117	수영복	명사 8
118	친구	명사 2

언어/읽기 발달 촉진을 위한

우리말카드

연구개발 | 김효진 · 김미배 · 진연선 · 배소영

대　　상 | 미취학 아동 ~성인(5세 이상)

실시형태 | 개인 및 소집단

소요시간 | 각 회기별 40분

세트 가격 | 300,000원

우리말카드 **구성**

우리말 카드 1(5벌)
75,000원

- 명사카드 1 [61장] 운동/놀이/교통수단 외
- 명사카드 2 [68장] 사람/직업
- 명사카드 3 [63장] 위치/색/단위명사
- 명사카드 4 [66장] 주거공간/가전/주방/욕실
- 의문사카드 [99장] 누구/무엇/어디 외

우리말 카드 2 (5벌)
75,000원

- 명사카드 5 [97장] 생활용품/연장/학용품/악기
- 명사카드 6 [99장] 장소/때. 날씨
- 명사카드 7 [95장] 동물/식물
- 명사카드 8 [89장] 신체부위/액세서리/의복
- 명사카드 9 [94장] 과일. 열매/채소/음식

우리말 카드 3 (5벌)
75,000원

- 서술어카드 1 [94장] 반대말/정서감정어
- 서술어카드 2 [98장] 학교생활
- 서술어카드 3 [99장] 가정생활
- 서술어카드 4 [96장] 교외생활
- 서술어카드 5 [65장] 지역사회생활

우리말 카드 4 (5벌)
75,000원

- 조음어휘카드 1 [98장] 어두초성
- 조음어휘카드 2 [93장] 어중초성
- 조음어휘카드 3 [96장] 종성
- 소리놀이카드 [99장] 수 세기/첫소리알기/소리만들기
- 낱말읽기카드 [99장] 받침없음/받침있음/다음절

Korean words card (우리말카드)는?

개발진이 오랜 기간 임상장면(일반, 장애,다문화, 가정 등)에서의 경험을 바탕으로 우리말을 배우는 데 꼭 필요한 단어들을 엄선하여 명사, 서술어, 소리놀이카드, 낱말읽기카드, 조음카드, 의문사카드로 구성하였다. 우리말을 배우기 시작하는 미취학 아동뿐만 아니라 성인 그리고 외국인(이주민)들이 쉽고 재미있게 배울 수 있다.

우리말카드의 특징

- 언어 · 교육 목적 외에 언어 치료 목적으로도 카드 활용이 가능하다.
- 한국적인 고유의 특성을 살린 낱말 및 그림 카드로 구성되어 우리말과 우리 정서를 배우는 데 도움이 된다.
- 우리말카드는 조음어휘/소리놀이/낱말읽기 등 특색 있는 카드가 추가로 구성되어 있어 언어 및 읽기발달을 촉진하는 데 유용하다.
- 조음어휘 카드에 명사 뿐만 아니라 서술어가 포함되어 있어 문장 수준에서 적용하는 데 용이하다.
- 우리말카드는 실제 많이 접할 수 있는 상황(가정상황, 학교상황 등)별로 명사카드는 31개 범주, 서술어 카드는 15개의 세분화된 범주로 나누어져 있어 상황별 언어학습이 가능하다.
- 철제 케이스로 구성되어 카드를 반영구적으로 사용, 보관할 수 있다.
- 범주별로 카드의 앞, 뒷면의 색을 확인하여 쉽게 구별할 수 있다.

저자 소개

진연선(Yeonsun Jin)
한림대학교(Ph.D., 언어청각학)
현 한림대학교 보건과학대학원 언어병리학과 겸임교수
아이들세상의원 언어치료팀장 및 공감형의사소통발달연구소 소장
여성가족부 다문화 언어발달 지원사업 슈퍼바이저

김효진(Hyojin Kim)
한림대학교 일반대학원 언어병리학과 박사과정 수료
현 연세언어청각연구원 원장
한국언어재활사 협회 이사
전 한림대학교 언어청각학부 강사

정경희(Kyunghee Jung)
한림대학교(Ph.D., 언어청각학)
현 용인대학교 재활복지대학원 언어치료학과 교수
한국언어재활사협회 교육총무이사
여성가족부 다문화가족 언어발달지원사업 슈퍼바이저

권유진(Eugene Kwon)
한림대학교(Ph.D., 언어청각학)
현 한림대학교 보건과학대학원 언어병리학과 겸임교수
언어학습연구소 정담 대표
한국언어재활사협회, 한국언어청각임상학회 이사

박혜진(Hyejin Park)
테네시 대학교(Ph.D, 언어청각학)
현 한림대학교 언어청각학과 BK21Plus 신진연구원
전 우리청각재활연구소 선임연구원

배소영(Soyeong Pae)
캔자스 대학교(Ph. D., 아동언어 및 장애 연구)
현 한림대학교 언어청각학부 교수
한국난독증협회 자문위원
LENA Research Foundation, USA, 자문위원
전 한국언어청각 임상학회장, 한국언어치료학회, 한국음성과학회, 한국언어치료전문가협회 이사

한국어 말하기
읽기 성장 프로그램

우리말카드와 함께하는 **한국어 해독해**

① 어휘와 이야기 말하기

Korean Decoding and Reading Comprehension with Korean cards: K-DRC

① Words and Narrative Speaking

2017년 6월 30일 1판 1쇄 발행
2021년 5월 20일 1판 3쇄 발행

지은이 • 진연선 · 김효진 · 정경희 · 권유진 · 박혜진 · 배소영
펴낸이 • 김 진 환
펴낸곳 • (주) 학지사
04031 서울특별시 마포구 양화로 15길 20 마인드월드빌딩 5층
대표전화 • 02) 330-5114 팩스 • 02) 324-2345
등록번호 • 제313-2006-000265호
홈페이지 • http://www.hakjisa.co.kr
페이스북 • https://www.facebook.com/hakjisabook

ISBN 978-89-997-1291-3 94370
978-89-997-1290-6 94370(set)

정가 16,000원

이 도서의 국립중앙도서관 출판시도서목록(CIP)은 서지정보유통지원시스템 홈페이지(http://seoji.nl.go.kr)와 국가자료공동목록시스템(http://www.nl.go.kr/kolisnet)에서 이용하실 수 있습니다.
(CIP제어번호: CIP2017012797)